D0631335

Le Pourquoi des choses

Tous les jours, nous nous posons des questions toutes bêtes : par exemple, pourquoi la lumière émise par nos voitures porte-t-elle le nom de « phare » ?

Pour en trouver la réponse, il faut se replonger dans le passé : *phaar* désignait une toile fabriquée dans une île proche d'Alexandrie. L'île prit bientôt le nom de cette toile de luxe dont les commerçants de tout le Bassin méditerranéen étaient si friands. L'île donna naturellement son nom au « phare » d'Alexandrie, l'une des sept merveilles du monde, érigé à cette endroit. Le mot « phare » fut ensuite adopté pour toutes les tours lumineuses imitant la première… et s'étendit aux lumières des autos.

Répondre aux questions que chacun de nous s'est un jour posé, voilà ce que propose ce livre…

© le cherche midi, 2006.
23, rue du Cherche-Midi, 75006 Paris.

Vous pouvez consulter notre catalogue général et l'annonce de nos prochaines parutions sur notre site Internet : cherche-midi.com

Anne Pouget

Le Pourquoi des choses
Origine des mots, expressions et usages curieux

le
cherche
midi

Les Pourquoi de la Mer

Pourquoi pirates et marins portaient-ils des boucles d'oreilles ?

Rien de décoratif, les pirates étaient rarement coquets ! L'explication en est que l'or était la seule monnaie d'échange des gens de mer.

Les vols à bord étant monnaie courante (si on peut dire), on mettait sa fortune à ses oreilles, pour être sûr de l'avoir toujours avec soi (et de pouvoir dormir sur ses deux oreilles !). Le moment venu, il ne restait plus qu'à pratiquer le troc.

Pourquoi le corsaire n'aimait-il pas être traité de pirate ?

Cruel prédateur des mers, le pirate ne craignait ni Dieu ni diable, il agissait pour son propre compte et s'attaquait sans scrupules à tout bâtiment se présentant en mer.

Le corsaire ou *cursarius*, qui prit forme au moment des croisades, était un particulier qui se mettait au service de l'État ; il n'agissait qu'en temps de guerre et ne s'attaquait qu'à l'ennemi (faute de quoi, il était condamné à dédommager ses victimes). Cette occupation saisonnière pouvait même l'amener à exercer une autre profession par temps de trêve, comme ce fut le cas pour Marti Cedrelles, corsaire l'été et bûcheron-charpentier l'hiver. Corsaires comme pirates partaient en mer pour faire « la course », d'où l'expression qui nous est restée : « courser » quelqu'un.

Pourquoi la confusion entre « flibustier » et « boucanier » ?

Le flibustier, qui apparut sur la mer des Antilles, était un corsaire « courant sus l'Espagnol ».

Le boucanier sillonnait les mers d'Amérique. Il ne faisait pas plus de « boucan » que les autres lorsqu'il attaquait un navire, son nom étant tout simplement dérivé de **boucanage**, manière de traiter la viande transmise par les Indiens ; car à l'origine, le boucanier était un chasseur de bœuf sauvage, que la raréfaction du gibier avait contraint à se lancer dans la piraterie.

Pourquoi le drapeau pirate s'appelle-t-il « Jolly Roger » ?

Les premiers pirates arboraient **pavillon rouge**, qui annonçait « la mort pour tous » ou « pas de quartier ». On l'appela le « joli rouge » en raison de sa couleur sang. Les Anglais transformèrent « joli rouge » en *Jolly Roger*, nom que le drapeau garda par la suite, malgré ses modifications. En effet, les pirates prirent l'habitude d'apporter leur touche de fantaisie au drapeau : tête de mort sur tibias croisés, sur sabres croisés, tête de mort de face, de profil avec bandana et boucle d'oreille, la mort avec sa faux, le patron trinquant avec la mort, le sablier, etc.

Le **pavillon noir** avec tête de mort sur tibias croisés et sablier (qui symbolise le peu de temps pour se décider : se rendre ou mourir) fit sa première apparition dans les Caraïbes au XVIIIe siècle. Il était arboré par un pirate français.

Pourquoi dit-on « pendez-les haut et court ! » ?

C'est simple : on « pendait haut » afin que le pendu soit vu de loin, et l'on « pendait court » afin d'économiser la corde puisque, selon l'expression répandue, un pendu ne valait pas la corde pour le pendre.

Pourquoi, avant l'abordage, criait-on « pas de quartier ! » ?

Une convention existait autrefois : lorsque l'on faisait des prisonniers, on pouvait les rançonner. Même un soldat ou un marin pouvait racheter sa liberté en versant un quartier de sa solde. Mais l'ennemi pouvait également refuser la libération du prisonnier, voire le faire mettre à mort ; on disait alors qu'on le traitait sans quartier ; ainsi, avant un abordage, ordonner le « pas de quartier » signifiait « pas de prisonniers, pas de pitié, tuez-les tous ».

Pourquoi calcule-t-on la capacité d'un navire en « tonneaux » ?

Dans l'Antiquité on assurait le transport du vin, de l'huile, en jarres et en amphores. Elles avaient une contenance uniforme et ainsi le nombre d'amphores embarquées permettait d'évaluer la capacité du chargement. L'amphore était l'unité usuelle de mesure de la capacité d'un navire. Seul problème : leur fragilité.

Au Moyen Âge, le tonneau de bois remplaça l'amphore. Il contenait surtout du vin, l'une des denrées essentielles des échanges maritimes. Les relations commerciales de ce type étaient surtout florissantes entre Bordeaux et l'Angleterre, c'est pourquoi le tonneau bordelais fut pris pour mesure de capacité. Les barriques de vin remplissaient entièrement la cale et constituaient ainsi la capacité que pouvait contenir le navire. « Tonneau » devint le terme courant de référence.

Pourquoi calcule-t-on la vitesse d'un navire en « nœuds » ?

Initialement, on utilisait un morceau de bois au bout d'une longue corde (le **loch**) que l'on lançait à la mer ; on mesurait la longueur de corde déroulée pendant un temps déterminé (fort probablement la durée d'une prière ou d'une formule établie que l'on récitait) pour apprécier la vitesse du navire.

À partir du XVe siècle, on a ajouté des nœuds à intervalles réguliers sur la corde ; il ne restait plus qu'à compter le nombre de nœuds déroulés pendant un temps donné, ce qui donnait le nombre de nœuds à l'heure.

Pourquoi dit-on qu'on « veille au grain » ?

Contrairement à la connotation que d'aucuns lui donnent, l'expression « veiller au grain » n'a pas de rapport avec le grain des poules, mais avec le grain, coup de vent subit et violent, et de courte durée.

Pourquoi l'Étoile d'Afrique n'est-elle pas visible aux marins ?

Cette étoile est invisible aux yeux des marins, et pour cause : c'est le nom donné à deux des plus grands diamants jamais taillés (*Stars of Africa*) et qui se trouvent, l'un sur la couronne de la reine d'Angleterre, l'autre sur son sceptre royal.

Pourquoi le commandant sombre-t-il avec son navire ?

Nous avons tous en tête l'image véhiculée par le cinéma du commandant qui sombre avec son navire, les yeux perdus dans le lointain…

En fait, selon les lois maritimes du Moyen Âge, le « patron » était responsable de son navire et de sa cargaison (humaine et marchande). Si le navire venait à couler, le commandant devait répondre de son incompétence au cours d'un procès déshonorant. Voilà pourquoi il préférait sombrer avec son navire…

Pourquoi parle-t-on du « droit du capitaine Fracasse » ?

La législation maritime n'avait pas prévu le cas de figure suivant : à qui appartenaient les biens récupérés après un naufrage ? Les habitants du littoral breton, inspirés par le capitaine Fracasse, eurent l'idée d'instaurer un « droit du capitaine Fracasse », par lequel ils devenaient propriétaires des biens récupérés dans les naufrages.

Pourquoi et comment est née l'assurance ?

Les **galées** (bateaux légers, maniables et destinés au cabotage), chargées de marchandises précieuses, faisaient l'objet de bien des convoitises ; d'où l'obligation (édictée par les ordonnances maritimes) pour ces navires de voyager de conserve par *seurté* (pour être plus forts en cas d'attaque, et pour récupérer les biens et les hommes de l'autre galée si celle-ci venait à couler).

De ce besoin de *seurté* naquit au XIIe siècle *asseurté*, *assecuration*, *asseürance*, qui nous a donné « assurance ». De la marchandise à tout ce qui composait la galée (jusqu'aux voiles, aux clous, et même la paie de l'équipage), tout était assuré.

Pourquoi le « passe-port » n'est-il pas nommé « passe-douane » ?

À la fin du XIIe siècle, un duc de Bretagne eut l'idée de monnayer sa protection en « vendant la sécurité aux marchands », moyennant une sorte de péage, destiné à l'entretien de la police des mers locales. Les nefs et les biens à leur bord se trouvaient « *assurés du droit de noblesse* », à savoir protégés contre les corsaires, les hommes de guerre ou… les naufrages provoqués par les gens du littoral. Il était alors remis au navire une petite charte scellée appelée *bref* ou *brieux*, qui prit rapidement le nom de « passe-port » et se généralisa à toutes les frontières, maritimes et terrestres.

Pourquoi était-il prudent de ne jamais s'embarquer sans « biscuit » ?

Le « biscuit » dont il est question ici n'est pas un petit gâteau mais du pain cuit deux fois (*bis-cotto* – d'où le mot **biscotte**) que l'on emportait pour éviter que, subissant de longues traversées, il moisisse ou se racornisse ; ainsi durci, le pain pouvait se conserver plus longtemps mais, au dire des voyageurs du Moyen Âge, il était à ce point durci que même trempé dans l'eau chaude il restait dur comme pierre !

Pourquoi les marins aiment-ils « tirer une bordée », même en temps de paix ?

Pour passer le canon, on ouvrait une sorte de trappe rabattable située sur le flanc du vaisseau, appelée « sabord ». Le nom de « bordée » était donné à toute la ligne de sabords et, par extension, à la décharge simultanée desdits canons.

Les matelots ont adopté cette expression pour exprimer le fait que, quand le bateau touche à quai, et après plusieurs mois sans escale, ils s'en vont « tirer une bordée », autrement dit se dépenser dans une nuit de plaisirs…

Pourquoi les capitaines des navires avaient-ils des escarres et des problèmes de peau ?

L'eau potable étant uniquement réservée à la bouche, on lavait le linge à l'eau de mer. Les marins, qui travaillaient pieds et torse nus, étaient logés à meilleure enseigne que les officiers, habillés de pied en cap. Les vêtements de ces derniers, rendus rêches par l'eau de mer, leur irritaient la peau, laissant aux résidus de sel le soin de brûler les plaies…

Pourquoi parle-t-on de « brûler ses vaisseaux » ?

Guillaume le Conquérant ou Cortés, grands chefs de guerre, n'hésitaient pas à incendier les vaisseaux qui les avaient débarqués en terre ennemie pour signifier aux combattants qu'il n'y aurait pas de retraite possible, qu'il fallait vaincre ou mourir. Cette expression nous est restée ; elle signifie que l'on se met volontairement dans l'impossibilité de reculer et qu'il faudra mener son entreprise jusqu'au bout, quelles qu'en soient les conséquences.

Pourquoi les membres du conseil réglant les litiges entre employeur et salarié portent-ils le nom de « prud'hommes » ?

Pour comprendre ce qu'est un prud'homme, il convient de remonter à 1258 : Jaume Ier, roi de Barcelone, accordait aux marchands et hommes de mer le droit d'être représentés en élisant un *prohom* chargé de défendre leurs intérêts.

Une première ordonnance maritime était rédigée et approuvée par le roi le 26 août 1258. L'année suivante, cette corporation se voyait attribuer un nouveau privilège et se dotait d'un organe représentatif de commerçants, dont deux étaient élus *prohoms*. Ces *prohoms*, censés posséder la sagesse, faisaient office de législateurs et avaient pour mission de défendre les intérêts des commerçants auprès des autorités locales… En France, c'est en 1296, sous le règne de Philippe le Bel, que se constitua à Paris le premier conseil des prud'hommes (un « prud'homme » était un homme preux, loyal, honnête) chargé d'assister le prévôt et de juger les contestations pouvant s'élever entre marchands et fabricants. Napoléon légalisa ce tribunal lorsqu'il réforma la France et qu'il rédigea le Code civil.

Pourquoi les boîtes à tabac se nomment-elles « blagues » ?

Le gosier du pélican est une énorme poche dans laquelle il engloutit les produits de sa pêche. Les marins anglais récupéraient ces poches (*bags*), les tendaient comme du cuir, les préparaient et y plaçaient le tabac à fumer; les femmes allaient même jusqu'à les décorer de broderies diverses pour les rendre plus attrayantes (on employait même ces *bags* pour en faire des bonnets ou pour écoper l'eau). « Blague à tabac » est en fait l'altération de *bag*.

Pourquoi certains se disent-ils « en panne » ?

La panne d'une voile est la plus longue pièce d'une vergue (structure qui maintient la voile horizontalement). « Mettre en panne », c'est orienter cette structure de telle manière que la voile ne prenne plus le vent et que le bateau s'immobilise. Cette expression est passée dans le langage courant et « être en panne » s'appliquait surtout, à la fin du XIXᵉ siècle, à toute avarie d'un moteur. Peu à peu, elle a pris un sens imagé pour désigner une panne d'idées, d'inspiration, d'énergie, sexuelle, etc., indépendante de notre volonté.

Pourquoi « nager entre deux eaux » ?

Se déplacer dans l'eau, pour un bateau, c'était « nager » ou « naviguer » (du latin *navigare*) ; pour l'homme, on ne disait pas « nager » mais *noër*.

C'est donc bien d'un terme de marine qu'il s'agit ici, et « nager entre deux eaux », c'est naviguer entre deux courants en prenant soin de ne pas se laisser entraîner par l'un ou par l'autre ; par analogie, c'est aussi suivre sa route sans se laisser influencer par les emprises ou les pressions extérieures.

Pourquoi vaut-il mieux avoir le vent en poupe ?

La poupe, du latin *puppis* (« petite fille ») et de l'italien *puppa* (cylindre autour duquel on enroulait les cordages), s'étend du mât de misaine à l'arrière. Et il est notoire qu'un bon vent arrière fait avancer un voilier avec vaillance, sans effort. On dit aussi « avoir le vent dans le dos ».

Pourquoi vaut-il mieux être du même bord ?

Aujourd'hui, l'équipage navigue mais ne se bat pas, tandis que les soldats se battent mais n'interviennent pas dans la manœuvre du navire.
Au Moyen Âge, cette notion était plus floue et on n'hésitait pas, en cas d'attaque, à se mêler (marins, soldats et autres passagers) pour défendre le navire et sa vie. De même, en cas de tempête, marins, guerriers et passagers aidaient aux manœuvres ou à écoper l'eau.
À bord, il y avait donc une notion forte de solidarité, et devant l'adversité on était tous sur le même bord, sur le même bâtiment. On dit aussi « être dans la même galère ».

- ESPADON ! SORTEZ LES FOURCHETTES !

Pourquoi le mille nautique diffère-t-il du mille romain ?

Le **mille romain**, mesure itinéraire terrestre, valait mille pas, soit 1 481,5 m (par « pas » on entendait la longueur d'une enjambée).
Le **mille nautique** (marin ou aérien) correspond à 1 852 m ; il est l'unité choisie pour simplifier les conversions entre angles et distances. Explication pratique : l'angle, que

l'on mesure avec un sextant, est le résultat de la position des corps célestes par rapport à des points-coordonnées à la surface de la Terre (ex. : lorsque je me tiens debout, mon corps fait un angle droit avec le sol, soit 90°.)

Les angles se mesurent en degrés, minutes, secondes (1 degré = 60'). Sachant que la circonférence d'un cercle égale 360° et que le tour complet de la terre (360°) se fait en 24 heures, chaque heure correspond à 15° de longitude, soit 900 milles nautiques.

Attention : ne pas confondre ce mille avec le **mile** (un seul *l*), mesure anglo-saxonne de longueur équivalant à 1 609 m.

Pourquoi tire-t-on une salve de canon ?

Salve, en latin, signifie « salut ». Ainsi une « salve de canon » est un salut donné à coups de canon.

Les Pourquoi des Traditions

Pourquoi décore-t-on les œufs de Pâques ?

Chaque année, l'imagination des confiseurs se met en frais pour raviver l'attrait des œufs de Pâques. Cette coutume nous vient du Moyen Âge, période durant laquelle nul n'aurait osé ne pas respecter le carême. Mais, durant ces quarante jours de jeûne, les œufs s'entassaient dans les poulaillers. Que faire ? On eut l'idée, à la fin de cette période de privations, de peindre ces œufs avec des couleurs de fête et de les offrir autour de soi pour marquer la fin du carême. Les familles royales échangeaient des œufs recouverts d'or.

Pourquoi les lapins sont-ils associés à Pâques ?

L'origine du lapin de Pâques remonte à l'ère préchrétienne, quand lapins et lièvres représentaient la fertilité et le renouveau. L'Allemagne s'appropria la première le lapin de Pâques pour célébrer le printemps. Les enfants étaient invités à fabriquer des nids dans les jardins, croyant que durant la nuit de Pâques le lapin remplirait les nids de crottes en chocolat… Le mélange des œufs de poule décorés de bigarrures et du lapin nous vient de cet usage.

Pourquoi mange-t-on de la bûche à Noël ?

Au Moyen Âge, chaque foyer brûlait, à la veillée de Noël, une bûche qui devait durer toute la nuit. Au matin, on récupérait la cendre pour la répandre sur sa terre, afin de protéger les récoltes à venir. S'il subsistait des débris de bûche, on les conservait et on les brûlait dans l'année pour conjurer le mauvais temps.

Pourquoi l'anniversaire a-t-il remplacé les « annotines » ?

Cette coutume païenne découle bien involontairement du baptême. Au Moyen Âge, le baptême (collectif) était célébré le soir de Pâques ; chaque anniversaire de ce jour, appelé « pâques *annotines* », était célébré lors d'une messe, en aube blanche (*in albis*). L'introduction du purgatoire, notamment après la Peste noire (1348), changea les mentalités : la peur de la mort fit avancer la date du baptême jusqu'au jour même de la naissance, et de fait l'anniversaire

de ce jour se fit à date fluctuante (il se personnalisa).
Cet usage chrétien forgea la tradition de l'anniversaire.

Pourquoi décore-t-on le sapin de guirlandes ?

Jadis, les peuples fêtaient le retour du soleil et de
la lumière sur la terre à partir du solstice d'hiver. Les guirlandes dont nous décorons nos
intérieurs à l'occasion des fêtes de fin d'année
symbolisent la lumière, l'or du soleil.

Pourquoi fête-t-on le Nouvel An le 1er janvier ?

La religion chrétienne avait fixé symboliquement la nouvelle
année au 25 décembre, jour de la naissance du Christ, alors
que Byzance adoptait la date du 1er septembre, anniversaire
de la date de fondation du monde byzantin ; Florence et le
Midi de la France préférèrent fixer la nouvelle année au
25 mars, date liée à l'Annonciation faite à Marie, alors que
d'autres la fusionnèrent avec Pâques (la date étant variable
chaque année). Les grandes villes d'Occident de tradition
romaine adoptèrent le 1er avril.
Charles IX mit un terme à toutes ces lubies en générali-
sant, dans tout le royaume, l'an nouveau au 1er janvier
(édit de Roussillon du 9 août 1564).

Pourquoi la tradition de la galette pour la fête des Rois ?

L'**Épiphanie** (« apparition » en grec) est axée sur l'ado-
ration des Rois mages, venus offrir des présents à l'Enfant
Jésus. Fête de l'Enfant, elle devint par extension celle des

enfants, auxquels on offrait des friandises. C'était l'occasion de partager un repas convivial autour d'une galette, ronde et dorée, dont les parts à distribuer étaient choisies par un enfant caché sous la table (symbole de « l'enfant soleil » – rappelons-nous que nous sommes en plein solstice d'hiver et que les jours vont croissant).

La galette était partagée en autant de parts qu'il y avait de convives plus une portion supplémentaire. Elle était, selon la tradition, « la part du pauvre », destinée au mendiant, ou la part de l'absent (le fils parti à la guerre, le pêcheur qui n'était pas rentré). La part supplémentaire était gardée ; si elle ne moisissait pas, c'était un bon présage.

Pourquoi la tradition de la fève dans la galette ?

Si la tradition de la galette trouve sa source dans la religion, celle de la fève relève du païen et remonte aux Romains. Les Romains procédaient au vote des lois à l'aide d'une fève, noire ou blanche selon le scrutin. Aux calendes de janvier, Rome célébrait les **saturnales** ; durant ces fêtes, qui duraient sept jours et où tout était autorisé, on élisait le maître des réjouissances avec le moyen que l'on connaissait, à savoir la fève, par tirage au sort. Le maître désigné pouvait ainsi choisir sa reine pour la durée des festivités. L'idée de la fève, du tirage au sort, se perpétua et on assimila bientôt roi et « enfant roi », « enfant roi » et galette… L'Église combattit longtemps cette coutume païenne.

Pourquoi prépare-t-on des crêpes à la Chandeleur ?

La fête de la *Candelaria* célébrait à l'origine la présentation de Jésus au Temple et les relevailles de Marie.

Qu'étaient les **relevailles**? L'accouchée relevée de ses couches se rendait sous le porche de l'église, où étaient dites les prières purificatrices; ce rituel accompli, elle était autorisée à entrer dans l'église en tenant un cierge à la main.

En l'honneur des relevailles de Marie, on fit de la Chandeleur un jour chômé et l'on instaura une procession de cierges allumés, qui étaient bénits durant une messe. Ces cierges, rapportés à la maison, avaient de nombreux pouvoirs, comme celui de chasser les mauvais esprits ou les intempéries.

La journée de procession des cierges s'achevait par la confection de galettes (farine à laquelle on ajoutait des œufs et du lait). La rondeur de la crêpe, ainsi que sa couleur dorée, était une fois encore associée au soleil et à la lumière. Cette célébration était accompagnée du dicton : « À la Chandeleur l'hiver se meurt ou prend vigueur. »

Pourquoi la tradition des étrennes ?

Il faut pour cela remonter aux Romains et à leurs dieux. Le roi Tatius Sabinus reçut le premier la verveine, du bois sacré de la déesse Strenia ou Strenua, pour lui augurer une bonne année à venir (*strenuus* signifie « vif, actif, courageux »). La tradition se perpétua et, chaque année nouvelle, le peuple défilait devant l'empereur avec un présent, plus ou moins somptueux selon ses ressources, pour lui souhaiter une année faste. Parallèlement, tous s'offraient des dattes ou du miel afin de se souhaiter réciproquement une année empreinte de douceur… On fit des calendes de janvier une échéance, chacun devant également régler toutes ses dettes de l'année écoulée pour mieux commencer la nouvelle.

L'empereur Claude abolit la pratique du présent à l'empereur mais cette coutume, inspirée par la superstition de « la pièce de monnaie » promesse d'année faste, se perpétua jusqu'à nos jours.

Pourquoi le noir est-il la couleur du deuil ?

Le noir lié au deuil n'apparut qu'à la fin du Moyen Âge. Le bleu (aujourd'hui associé à la mélancolie, et qui nous a laissé le blues) fut longtemps la couleur du deuil et de l'affliction au même titre que le noir et le violet.

Les mères romaines orphelines d'un enfant se vêtaient d'une *caerula vestis* (« robe bleue ») en signe de deuil. L'Église associa cette couleur au culte marial à partir du XIe siècle (la Vierge, vêtue de bleu, qui pleure son fils).

À partir du XIVe siècle, en France, le noir-gris fut associé à la couleur des cendres et de la poussière, au monde de la pénitence, de la mort. Adjoint au malheur et aux ténèbres, il devint couleur de deuil et l'emporta définitivement sur les autres couleurs sombres : bleu, violet, brun, gris, vert.

Pourquoi le gant a-t-il perpétué de si nombreuses coutumes ?

Au Moyen Âge, le gant était partie intégrante de l'armure et revêtait une valeur symbolique : le vassal, genoux à terre, remettait son gant droit au suzerain en guise d'hommage. Parallèlement, jeter le gant au sol scellait la rupture du lien d'amitié ou de dépendance.

L'habitude de porter des gants dans la noblesse se perpétua. Ils étaient en peau, puis en dentelle sous le règne de Henri III. Les gentilshommes jetaient leur gant au sol pour marquer leur désapprobation, ou pour défier quelqu'un au combat. Il incombait alors à l'offensé de ramasser le gant, donc d'accepter le duel. Quant aux femmes, il leur plaisait de laisser choir leur gant devant un prétendant aux fins d'engager la conversation…

Pourquoi laisse-t-on un pourboire ?

La confusion est souvent faite entre service et pourboire. Le **service** est la participation qui couvre les frais de pain, d'eau, de lessive pour les couverts, les nappes, etc.; le service entre donc directement dans la poche du patron et il est, en général, compris dans le prix du repas. Le pourboire est la gratification que l'on laisse au serveur pour son amabilité à servir. Ce mot est tiré du « pour boire » qui consistait à donner une récompense, en plus du prix de l'article ou de ce qui était dû au marchand, au commis chargé de le porter ou de le livrer au domicile de l'acheteur. Pour la fatigue, on lui donnait donc de quoi boire pour se désaltérer après l'effort fourni.

Pourquoi les cartes de vœux ont-elles vu le jour ?

C'est le prince Albert, mari de la reine Victoria, qui lança la tradition des cartes de vœux. L'aristocratie anglaise boudant le prince consort, il eut l'idée, en 1851, de désarmer les réfractaires en leur adressant des cartes leur souhaitant « joyeux Noël » et « bonne année », auxquels ils furent bien obligés de répondre poliment. Le prince venait de lancer une mode aujourd'hui bien enracinée dans nos coutumes.

Pourquoi s'embrasse-t-on sous le gui ?

Les druides celtes cueillaient le gui (qui signifie « guérit tout »), plante à laquelle on attribuait des vertus magiques. On en plaçait au-dessus de sa porte d'entrée en guise de porte-bonheur et l'on prétendait également que les couples qui s'embrassaient au-dessous d'un bouquet de gui se marieraient dans l'année.

Pourquoi le carnaval ?

De l'italien *carnevale* (*carne*, « viande » et *levare*, « ôter »), cette parenthèse festive précède le carême, période durant laquelle la consommation de viande est proscrite par la religion chrétienne. Le carnaval, inspiré des bacchanales grecques et des saturnales romaines, donne droit à toute licence avant l'abstinence. Les **saturnales**, qui ne duraient à l'origine qu'un jour, furent instituées pour célébrer l'égalité entre les hommes. César les fit passer à trois jours et Caligula à quatre. Les Romains instaurèrent le masque pour préserver l'anonymat durant cette période où tout était permis.

Les Pourquoi Du Mariage

Pourquoi la coutume des faire-part de mariage s'est-elle répandue ?

Lorsque l'on se mariait, il fallait faire une véritable « tournée » pour informer voisins, amis, famille de l'événement. Cela prenait du temps mais, surtout, il fallait aller trouver des gens que l'on n'aimait pas, des familiers avec lesquels on était en froid depuis longtemps et que l'on ne souhaitait pas vraiment revoir. On prit l'habitude de s'y rendre à une heure où l'on était sûr de ne pas trouver personne à la maison, et on leur glissait un papier sous la porte. Pas bête, l'idée eut son succès…

Pourquoi publie-t-on les bans pour se marier ?

Au Moyen Âge, le souverain exerçait son pouvoir, ou **banalité**, sur les terres lui appartenant. Ainsi, l'annonce officielle était faite sur la place publique, précédée et achevée par un roulement de tambour. On disait alors « ouvrir le ban » et « fermer le ban ». L'annonce du mariage est une obligation faite par la loi, afin de permettre à quiconque de s'y opposer (mariage consanguin, bigamie, etc.) ; aujourd'hui, cette publicité se fait par affichage à la mairie durant un certain laps de temps : d'où l'expression « publier les bans ».

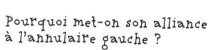

Pourquoi met-on son alliance à l'annulaire gauche ?

Si l'on se réfère aux planches d'anatomie des Grecs, les Anciens appelaient le troisième doigt (pouce non compris) « veine d'amour » : selon eux, c'est de là que partait le chemin le plus court vers le cœur.
Pour compléter l'information, ajoutons qu'au Moyen Âge on n'enfilait pas l'anneau comme nous le faisons aujourd'hui. Au moment d'échanger le serment, l'époux plaçait l'anneau au bout du doigt de sa promise en disant : « (Je t'épouse) au nom du Père » ; puis il le glissait jusqu'à mi-doigt en ajoutant « et du Fils » ; et enfin il poussait une

dernière fois l'anneau en concluant « et du Saint-Esprit », ceci afin de signifier que le mariage était scellé au nom de la sainte Trinité.

Pourquoi la tradition du baiser des mariés ?

Voilà encore une coutume que nous devons au Moyen Âge. Aux premières noces, les époux recevaient la bénédiction nuptiale sous le porche, avant d'entrer dans l'église ; après l'*Agnus Dei*, le mari recevait du prêtre le baiser de paix, qu'il était chargé de transmettre à l'épouse, au nom de Dieu. Aujourd'hui, si le prêtre n'embrasse plus le mari, ce dernier perpétue la tradition du baiser à la mariée.

Pourquoi attache-t-on des boîtes de conserve à l'arrière de la voiture des mariés ?

Cette coutume aux origines très anciennes est, elle aussi, dictée par la religion. Une procession armée de casseroles et d'objets divers, qui suivait les époux, était chargée de faire du bruit, censé faire fuir les mauvais esprits. La vitesse des voitures aidant (difficile de courir après un véhicule pendant des heures en battant des casseroles), on a eu l'idée d'attacher des objets de métal (d'abord des casseroles) au pare-chocs de la voiture.

Pourquoi fait-on une haie d'honneur aux mariés ?

Lorsque les mariés quittent l'église, leurs proches ou leurs collègues leur font une haie d'honneur. Cette coutume remonte au Moyen Âge : les époux passaient sous deux épées nues en forme de croix, symbolisant les embûches du mariage ; en traversant cette « épreuve », les jeunes mariés montraient leur volonté à surmonter ensemble toutes les difficultés. On remplaça peu à peu les épées par un tunnel de branches, de fleurs, puis des raquettes de tennis, des ballons de football… ainsi va la vie.

Pourquoi jette-t-on du blé ou du riz à la sortie de l'église ?

Une autre tradition consistait à jeter du blé sur le corps des mariés, promesse de prospérité et d'abondance (le riz n'était pas encore introduit en France). Mais bientôt il fut plus aisé de trouver du riz que du blé dans les magasins, d'où la tradition du riz. Aujourd'hui, par respect pour le tiers-monde, on a remplacé le riz par des confettis ou des cœurs en papier.

Pourquoi le marié porte-t-il la mariée pour franchir le seuil de la porte ?

Selon une vieille croyance, les mauvais esprits se cachaient sous le seuil de la maison destinée à de nouveaux mariés afin de nuire à la mariée durant sa nuit de noces. Le mari était chargé de porter la jeune épousée afin qu'elle ne soit pas « touchée » par quelque mauvaise grâce.

Pourquoi les deuxièmes noces étaient-elles appelées « charivari » ?

« Charivari » est le nom donné à la « cérémonie » qui scellait les deuxièmes noces. Pour se racheter (de son divorce), le futur époux offrait de l'argent, de la nourriture, de la boisson à son entourage au cours d'une fête masquée pendant laquelle on frappait sur des objets en cuivre. L'origine du mot reste incertaine : *karêbaria* (« mal de tête » en grec) fait référence au bruit fait par les invités avec des poêles, des bassines et des chaudrons. Selon d'autres sources, il pourrait provenir du latin *charites* (« grâces ») et *varia* (« diverses »), à savoir les diverses grâces déployées pour racheter sa première erreur. Enfin, d'autres en assimilent la sonorité à la dérision d'un mariage mal assorti.

Pourquoi les juifs cassent-ils rituellement un verre le jour de leur mariage ?

Le jour du mariage, le '*hatan* (le marié) casse avec le pied un verre posé sur le sol. Ce geste commémore la destruction du Temple de Jérusalem le 8 septembre 70 par l'armée romaine. Par ce geste symbolique, signifiant : « Je place Jérusalem au-dessus de mes joies », le jeune couple s'identifie au destin spirituel et national du peuple juif.

Les Pourquoi De La Rue

Pourquoi dit-on d'une boisson fade que c'est de la « bibine » ?

Dans le Paris des grandes heures de l'échafaud, on appelait « bibine » une taverne où les pauvres diables allaient manger pour quelques sous.

L'une des plus célèbres portait le nom évocateur de « L'azart de la fourchette ». Les miséreux se pressaient autour d'une marmite remplie d'eau bouillante, dans laquelle cuisaient toutes sortes de restes : os, têtes de chat, sabots de cheval, becs de volatiles, queues de lapins, arêtes de poisson. Les clients plongeaient tour à tour une longue fourchette dans cette « soupe » ; on ramenait un bec de canard, un œil de poule, selon « l'azart ». Chaque tentative coûtait un sou, payable d'avance, d'où l'idée d'appeler « bibine » une bière ou un alcool de piètre qualité faisant penser au goût du bouillon évoqué ci-dessus.

Pourquoi dit-on d'un lieu qu'il est « au diable vauvert » ?

Chassés par Saint Louis, les gueux de la Cité élurent domicile dans le manoir en ruine d'une vallée boisée appelée « la verte vallée », ou « le vau vert » (près du jardin du Luxembourg). Cet endroit se transforma rapidement en une zone dangereuse, au point que l'on n'osait plus s'en approcher (on prétendait que le diable y officiait) sous peine de disparaître corps et âme. On disait de quelqu'un qu'il avait dû aller au « diable vauvert » lorsqu'il avait disparu sans laisser de trace.

Le 21 novembre 1257, sur ordre du roi, sept chartreux pénétrèrent dans les ruines et entreprirent d'exorciser méthodiquement le manoir des démons qui l'habitaient. Ce fut une rude bagarre de trois jours, sans doute moins livrée au diable lui-même qu'aux gueux présents. De cette bataille contre le diable de Vauvert, les chartreux ressortirent glorieux. En reconnaissance, le roi donna tout ce domaine aux membres de cet ordre, qui y édifièrent un riche monastère.

Pourquoi va-t-on « crécher » dans une « piaule » ?

Les gueux chassés de Vauvert furent contraints de chercher un autre refuge. Ils s'établirent près de Montorgueil, sur un terrain vague, qui devint bien vite une zone ou *piole franche* (à savoir un « gîte où l'on est libéré des contraintes de la loi »). En guise de litière, ils jonchaient le sol de paille. Ainsi se plaisaient-ils à dire qu'ils avaient une *crèche* à la *piole franche*. D'où l'expression « crécher dans ma piaule ».

Pourquoi parle-t-on de « vol à la tire » ?

Dans la *piole franche* se réfugiaient mendiants et *tuneurs* (voleurs), mais aussi les tire-laine, dont la spécialité consistait à courir sur les passants pour leur arracher objets précieux ou bourses, d'où le terme « vol à la tire ».

Pourquoi a-t-on donné au repaire des gueux le nom de « cour des miracles » ?

Le terme « cour des miracles » n'est apparu que tardivement, et il y en eut dans un grand nombre de villes de France (à Paris, en 1450, il existait plus de douze cours des miracles, repaires de voleurs et de mendiants). La plus célèbre se situait entre la rue Montorgueil et le couvent des Filles-Dieu. Certains mendiants se mutilaient pour faire pitié, d'autres faisaient semblant. Les « malingreux » sortaient de leur tanière comme d'une fourmilière et se répandaient à travers la ville, occupant tous les points stratégiques, des marchés aux porches des églises. Mais le soir, lorsqu'ils retournaient dans leur antre, on voyait « les aveugles voir, les paralytiques marcher, les estropiés courir et danser ». D'où le surnom de « cour des miracles ».

Pourquoi dit-on d'un homme à la vie dissolue qu'il est un paillard ?

Au Moyen Âge, les « femmes amoureuses » ouvrirent à Paris des *bouticles de peschié*, aussi appelées *paillères* en raison de la paille qui jonchait le sol en guise de matelas. Venir y passer un moment, pour un homme, se disait *aller paillarder*, d'où la qualification de « paillard ».

Pourquoi dit-on « boire un canon » ?

La plupart des ouvriers, avant de se mettre au travail, buvaient ou vidaient un *cannon*, diminutif de *canne*, godet qui servait à mesurer les liquides (et qui s'orthographiait donc avec deux *n*).

Une autre unité de mesure des liquides était la louche ou *poche*, et l'on disait aussi « boire, vider un *pochon* ». Abuser des *pochons* faisait de vous un *pocheton*, ou « pochetron », terme qui nous est resté.

Pourquoi les maisons closes portent-elles le nom de « bordel » ?

Les « femmes amoureuses » furent chassées de la Cité par le pieux Saint Louis. Elles établirent leurs quartiers sur la rive gauche, dans des cabanes, édifiées aux abords des faubourgs, qui prirent le nom de *bordes* ou *bordettes* (« maisonnettes »), du latin *bordellum* et du germanique *borda* puis *borde*, « planche ». Quand à **lupanar**, le mot vient de *lupa* (« louve », en latin), qui désignait une prostituée.

Pourquoi les maisons closes étaient-elles repérables à leur lanterne rouge ?

La symbolique chrétienne du rouge s'articule autour du thème du feu et de celui du sang. Il existe donc le rouge purificateur ou salvateur du sang versé par le Christ et par les saints et le rouge impur et destructeur de Satan, des flammes de l'enfer, des crimes de sang, des vices de l'âme et des péchés du corps (donc de la prostitution). La lanterne rouge, pour les maisons closes, a été imposée par la réglementation sanitaire du XIXe siècle : si la prostitution était considérée comme un mal nécessaire, elle prévoyait le contrôle par une réglementation spécifique, à savoir l'obligation de tenir les volets toujours fermés pour préserver la pudeur des passants (d'où le nom de « maisons closes ») et de signaler l'emplacement du lieu aux messieurs par une lanterne, de couleur rouge, pour qu'il n'y ait aucune confusion.

Pourquoi certaines chansons sont-elles appelées « grivoises » ?

La soldatesque était également appelée grive. Les soldats aimaient boire et chanter des couplets en l'honneur des femmes à soldats dans les tavernes, qu'en raison de leurs couplets on appela chansons « paillardes » ou « grivoises » (spécifiques de la grive).

Pourquoi parler de « banlieue » ?

Le **droit de ban** d'un seigneur s'étendait sur les terres qu'il gouvernait et était encore valable une lieue alentour ; cette frange de terre était la « ban-lieue ».

WESH

Ainsi, on l'aura compris, la banlieue était l'étendue de terre d'une lieue environ qui entourait une ville ou un bourg dépendant du ban du seigneur local.

Pourquoi les Anglais conduisent-ils à gauche?

Au Moyen Âge, le chevalier combattant portait l'écu à gauche et la lance ou l'épée à droite. Ainsi, il croisait l'adversaire (à la guerre ou en tournoi) par la gauche, du côté de l'écu. On peut dire qu'au Moyen Âge on conduisait à gauche. Napoléon imagina une nouvelle stratégie de combat, l'attaque par la droite, pour surprendre l'adversaire et remporter le combat.

Il donna ensuite obligation de conduire à droite… Seuls les Anglais refusèrent de se plier à cette injonction, et ils restent les seuls à conduire à gauche aujourd'hui.

Pourquoi beaucoup d'anciennes maisons étaient-elles pauvres en fenêtres, quand celles-ci n'étaient pas murées ?

Quelque temps après la Révolution française, le gouvernement voulut créer un impôt, la taxe foncière, mais on ne savait comment la calculer. Le législateur eut alors l'idée (s'inspirant de la *window tax* anglaise) de taxer les propriétaires en fonction du nombre de fenêtres de leur(s) bien(s) immobilier(s). La nouvelle législation, approuvée en 1798, fut rapidement contournée : les riches bourgeois murèrent à tour de bras et limitèrent le nombre d'ouvertures pour les nouvelles constructions afin de payer moins d'impôt. Cette loi resta en vigueur jusqu'au début du XXe siècle.

Pourquoi vaut-il mieux avoir pignon sur rue ?

Dans les villes, les familles aisées mettaient beaucoup de zèle dans la décoration extérieure de leur maison ; ainsi, les façades étaient-elles égayées par des sculptures, des enseignes fantaisistes, comiques ou élégantes, selon les goûts des propriétaires ; les plus fastueuses se terminaient par des pignons aigus surmontant la toiture et s'avançant dans la rue en guise d'auvent. Avoir autant de moyens, c'était forcément avoir de très bonnes relations. D'où l'expression qui nous est parvenue.

Pourquoi parle-t-on de comportement « trivial » ?

« Trivial » nous vient de *trivium*, le carrefour, le croisement de rues. Un comportement trivial relève d'un comportement de rue pris dans le sens de « vulgaire, peu distingué, malappris ». Le mot **vulgaire**, quant à lui, nous vient de *vulgus*, la foule, le commun des hommes ; ce terme n'était pourtant pas péjoratif puisque la « langue vulgaire » était la langue **vernaculaire** (parlée par un peuple ou par un groupe), par opposition à la langue **véhiculaire** (servant aux communications entre les peuples).

Pourquoi les bouches d'égout sont-elles rondes ?

La dimension circulaire des bouches d'égout est une mesure de sécurité. En effet, elles peuvent être tournées en tous sens, n'offrant jamais d'angle pouvant les faire basculer ou chuter, ce qui évite de possibles graves accidents aux piétons.

Les Pourquoi de l'Argent

Pourquoi l'idée de faire un troc ?

Avant l'apparition de la monnaie, on pratiquait le troc, c'est-à-dire l'échange d'un produit contre un autre. Le mot « troc », emprunté au grec *trokhos*, désignait des coquilles de mollusques utilisées pour leur nacre et servant de monnaie d'échange. On utilisa également comme monnaie d'échange selon l'endroit et l'époque : morue (Terre-Neuve), coquillages (Maldives), sel (Abyssinie), fourrure et cuir (Russie), graines de cacao et poudre d'or (Mexique), barres de fer ou de cuivre, bijoux ou objets précieux…

Pourquoi les noms de monnaie, « denier », « dinar », « sequin », pour désigner les différents moyens de paiement ?

En Lydie coule le Pactole. Au VIIᵉ siècle avant J.-C. on frappa les premières pièces d'or et d'argent et on y apposa un poinçon. L'usage de ce type de paiement se répandit très vite et supplanta le troc ; il fut adopté par les Romains, qui frappaient leurs pièces dans le temple de Juno Moneta (de *moneta*, « qui avertit »).

En 211 avant J.-C. une nouvelle monnaie d'argent apparaissait : le denier (de *denarius*, « pièce de dix »). Le *denarius* se déclina : *denaro* en Italie, *dinero* en Espagne et *dinar* en Arabie. La maison de la Monnaie italienne, ou *Zecca* (déformation du mot arabe *dar as sikka*), frappait la monnaie (le *zecchino*), même pour le Vatican et la république de San Marin. De *zecca* découle le mot « sequin », monnaie de Venise.

Pourquoi l'argent est-il dit « de bon aloi » ?

Même si de nombreux seigneurs avaient le droit de battre monnaie, l'alliage d'or et d'argent contenu dans une pièce était réglementé par la loi. C'est ce qu'on appelait « le bon aloi » (alliage). Par extension, un homme « de bon aloi » est un homme fait d'un bon alliage… moral.

Pourquoi parle-t-on de monnaie « sonnante et trébuchante » ?

Pour vérifier le bon aloi d'une pièce, on la faisait tomber sur une surface dure. En fonction de la manière dont elle sonnait, on pouvait savoir si elle contenait une quantité suffisante d'or ou d'argent.

On pesait également les pièces sur une balance très précise, le **trébuchet**, afin de vérifier leur poids légal.

De fait, une pièce « sonnante et trébuchante » était une pièce légalement admise à circuler.

Pourquoi dit-on payer en « monnaie de singe » ?

Pour être autorisés à entrer dans Paris, les marchands ambulants devaient emprunter le pont aux Changeurs. L'argent étant rare, on pouvait s'acquitter de son droit d'entrée dans la Cité en rubans, aiguilles ou autres marchandises. Seuls les jongleurs étaient exemptés de cette obligation pécuniaire et pouvaient payer le droit de passage par « pitrerie » : ils jonglaient ou faisaient danser leur singe, d'où l'expression qui nous est parvenue.

Pourquoi dit-on : « Ce n'est pas mirobolant » ?

Contrairement à l'apothicaire, qui se contentait de vendre des remèdes naturels, le *mire* (le médecin) pratiquait l'art de guérir. Pour suivre l'état de santé du malade, il regardait, à la lumière du jour, les urines recueillies dans un récipient de verre. Il les *mirait*, d'où le nom de *mire* donné au médecin. Mais la profession devait s'acquitter d'un impôt élevé, appelé *obole*. D'où le terme de *mire obolant*, auréolé de prestige. À l'inverse, il y a ce qui n'est pas mirobolant...

Pourquoi les mots « banque » et « banqueroute » ?

Le prêt à intérêt ou le change se pratiquaient communément sur une planche-comptoir ou « banc » (*il banco*) que les usuriers plaçaient devant eux et qui leur permettait de compter l'argent (le prêteur étant de fait *il banchiere*).

En cas de fraude ou de tractations contestées, ce *banco* était *rotto* (« cassé ») publiquement, entraînant le déshonneur du *banchiere*, qui se voyait interdit d'activité. « Banqueroute » est l'altération de *banco rotto*...

À noter deux autres marques d'infamie, punissant les personnes hors d'état de payer leurs dettes : l'obligation de porter un bonnet vert pour « être reconnu[e]s par tous afin que l'on ne puisse être trompé dans le commerce » par ces personnes (arrêt du parlement de Rouen du 15 mars 1584 et du parlement de Paris du 26 juin 1682); « la pierre du blâme », devant l'hôtel de ville de certaines villes, sur laquelle les infâmes étaient tenus de se frapper trois fois le derrière nu en proclamant leur faillite.

Pourquoi parle-t-on de « tirer à pile ou face » ?

De tous temps, les pièces ont porté un avers et un revers, qui variaient selon le souverain et le pays. À partir du règne d'Henri II la pièce présenta une pile et une face (face qui montrait l'effigie du souverain, pile qui représentait une colonne ou une croix).

Lorsque l'on avait une décision à prendre ou un choix à faire et que l'on n'arrivait pas à se décider, la solution consistait alors à s'en remettre au sort (vols d'oiseaux, entrailles d'animaux sacrifiés…) ou à jeter une pièce en l'air et, selon qu'elle retombait sur pile ou face, laisser le hasard trancher.

Pourquoi dire de quelqu'un qu'il ne « vaut pas un grain » ou ne « pèse pas un grain » ?

Avant l'adoption du système décimal, les unités de poids et de mesure étaient très diverses d'une ville à l'autre du royaume. Ainsi on mesurait les **longueurs** en pouces, pieds, toises, jets de lance et les **poids** en talents, livres, onces ou grains. En matière de poids, le grain était la plus petite unité, utilisée pour la mesure des choses précieuses. Autant dire que « ne pas valoir, ne pas peser un grain » était synonyme de peu d'importance.

Pourquoi a-t-on parfois « maille à partir » avec quelqu'un ?

La *maille* dont il s'agit ici n'a rien à voir avec le tricot puisqu'au Moyen Âge le mot désignait une monnaie. Par *partir*, il faut comprendre « partager ». La *maille* était une monnaie valant un demi-denier, lui-même étant la douzième partie d'un sou. Il était donc impossible de *partir* cette monnaie, de la partager. On peut imaginer les bisbilles entre deux personnes si elles avaient à le faire. Cette expression, née d'une monnaie, signifie donc d'abord « engager une querelle longue et inutile ».

Pourquoi dit-on que « l'argent n'a pas d'odeur » ?

L'empereur romain Vespasien (9-79 après J.-C.) s'est rendu tristement célèbre par l'instauration d'un impôt sur l'urine, que les foulons utilisaient pour le traitement

NE REND PAS LA MONNAIE

des draps et des peaux. Pour se moquer de lui, la plèbe se plut à appeler **vespasiennes** les urinoirs publics. Son propre fils fut choqué par cet impôt, mal accueilli (on s'en doute) par le peuple. Vespasien prit alors l'argent collecté et le mit sous le nez de son fils, lui demandant ironiquement si l'odeur l'incommodait…, concluant que « l'argent n'a pas d'odeur ».

Pourquoi n'aime-t-on pas les « faux-jetons » ?

« Faux-jeton » est synonyme de « traître », « félon », individu dont il faut se méfier… On connaît les jetons de téléphone, de casino, sans valeur propre et ne servant qu'à figurer l'argent. Au Moyen Âge déjà, on utilisait des jetons, qui avaient l'aspect d'une pièce de monnaie, pour faire les comptes. L'aspect réaliste de ces « fausses pièces » incitait les escrocs à les faire passer pour des vraies…

Pourquoi l'expression « en fin de compte » ?

Héritage du Moyen Âge, cette expression, signifie « au total », « en conclusion »…
Dès lors qu'on utilisait le **boulier** pour compter, on remplissait une rangée de dix boules, ou jetons, que l'on remplaçait ensuite par une seule boule, plus grosse, sur une autre ligne, correspondant à une dizaine. Puis on recommençait l'opération : les dix jetons de dizaines atteints, on représentait la centaine par une autre boule d'une autre couleur ou d'une autre grosseur.

En « fin de compte » on additionnait le total de boules de dizaines, de centaines, ou de milliers, pour obtenir la somme définitive.

Pourquoi certains n'ont-ils pas « un sou vaillant » ?

Vaillant, participe ancien de « valoir », se disait des biens d'une personne qui dégageaient un véritable capital (et non pas d'une maison ou d'arpents de terre sans valeur qui, revendus, ne rapporteraient que trois sous). « Ne pas avoir un sou vaillant », c'est ne pas avoir de liquidités, de fonds rapidement et réellement exploitables.

Les Pourquoi de la Chasse et de la Pêche

Pourquoi « marcher sur les brisées de quelqu'un » est-il synonyme de facilité ?

« Marcher sur les brisées » de quelqu'un, c'est suivre ses traces, imiter son exemple, sur une route qu'il a déjà tracée avant nous. Cette expression tire son origine de la chasse : l'animal laisse des branches brisées sur son passage ; ces repères permettent au chasseur de le pister facilement en marchant « sur ses brisées », c'est-à-dire sur ses traces.

Pourquoi annoncer une nouvelle « à cor et à cri » ?

Encore une expression tirée de la chasse à courre. Pour avertir les autres veneurs des différentes phases de la poursuite, on sonne la trompe (ou cor) : le « à vue », le « bat l'eau » le « sortie d'eau », le « trébuchet », l'« hallali », etc. Ces sonneries, véritable langage de la chasse, sont comprises par les chasseurs comme par les chiens. S'y ajoutent les appels de voix, les cris, les huées. On utilise donc le cor et le cri pour faire passer l'information. Ainsi, faire savoir les choses « à cor et à cri » signifie qu'on a largement fait savoir les choses, au point qu'il faudrait être sourd pour ne pas être au courant…

Pourquoi est-il malin de « donner le change » ?

L'animal traqué emploie de nombreuses ruses, dictées par l'instinct de survie, afin de tenter de sauver sa peau : il court, fait des détours, des retours sur la piste, traverse les rivières ou (celle qui nous intéresse ici) « donne le change » : cette technique subtile consiste à se dérober aux chiens en leur donnant à courir un autre gibier que lui.

Pourquoi l'expression « prendre son pied » ?

Après avoir achevé la bête, on procède à la « cérémonie du pied », accompagnée par la sonnerie des cors. Le veneur lève le pied de l'animal et le coupe à la première jointure ; puis il le pose sur une cape ou un linge et, faisant le tour des invités, il le présente à celui d'entre eux qu'il veut tout particulièrement honorer. Cet « honneur du pied », moment de jouissance et de récompense ultime consiste pour l'honoré à « prendre son pied ».

Pourquoi redoute-t-on la « curée » ?

Le mot « curée » est dérivé de « cuir », à savoir : la peau du gibier. Après avoir achevé la bête au couteau et « pris son pied », le veneur la dépèce et donne leur récompense aux chiens : la curée est la peau ensanglantée sur laquelle on a posé les entrailles découpées en morceaux. « Aller à la curée », c'est prendre avidement sa part des richesses et bénéfices rendus accessibles par l'adversité ayant frappé leur ancien bénéficiaire.

... ou « les gorges chaudes » d'autrui ?

« Faire des gorges chaudes » revient à dire qu'on déchire à pleines dents et, au figuré, qu'on se repaît de ragots.
Les « gorges chaudes », terme issu de la fauconnerie, sont l'équivalent de la curée pour les chiens. Après avoir suivi l'oiseau, l'avoir soutenu de la voix jusqu'à la capture de la proie, le fauconnier rappelle le rapace à son poing et lui retire la proie des serres grâce à un pigeon, qui sert de leurre, sur lequel le faucon se jette et qu'il peut dépecer à sa guise. Lorsque le faucon est repu, on dit qu'il est « gorgé » et, de fait, qu'il a fait « gorge chaude » avec le pigeon vivant (donc chaud).

...ou d'être un « pigeon » ?

Un autre vocable nous vient donc de la fauconnerie, celui de « pigeon ». Comme nous l'avons vu, l'oiseau jeté en pâture au rapace est un pigeon... Le mot a été détourné pour désigner quelqu'un que l'on raille parce qu'il est la dupe dont se repaissent des personnes sans scrupules.

Pourquoi vaut-il mieux être « de haut vol » ?

En matière de fauconnerie, deux chasses se pratiquent selon l'animal : d'une part la chasse de **basse volerie**, pratiquée en sous-bois sur les lièvres et les lapins par des oiseaux qui partent directement du poing du fauconnier et qui, sans s'élever, s'abattent en droite ligne sur la proie ; d'autre part la chasse de **haute volerie**, plus spectaculaire et plus prestigieuse, qui est pratiquée avec des oiseaux dits « de haut vol », comme le gerfaut, qui monte haut dans le ciel pour repérer sa proie avant de fondre sur elle.

Une situation « de haut vol » est, par conséquent, une situation de prestige, supérieure aux autres.

Pourquoi, pour cela, faut-il « avoir de l'entregent » ?

Pour bien dresser un rapace, il faut l'accoutumer à écouter dans n'importe quelles conditions, et malgré le bruit ambiant. Ainsi, le fauconnier forme l'animal à la fréquentation des hommes et des chevaux pour l'habituer à ne s'effaroucher de rien ; tenant l'oiseau sur le poing, il l'amène dans l'agitation ambiante des foires et des marchés, *entre gent*, pour le mettre à l'aise dans les situations les plus animées. Au figuré, une personne qui « a de l'entregent » est une personne accoutumée au public, que rien n'effarouche plus.

Pourquoi appelle-t-on « traînée » une fille de mauvaise réputation ?

Cette expression peu flatteuse est également un héritage de la vénerie. Pour allécher les loups et les attirer dans un piège, on prenait un quartier de viande fraîche que l'on traînait sur le sol, sur un chemin, jusqu'à l'appât, où les carnassiers se faisaient immanquablement prendre. Le mot parle de lui-même…

Pourquoi fait-on « une touche » ?

Cette métaphore, qui exprime une marque d'intérêt pleine de promesses d'une personne pour une autre, est tirée du jargon de la pêche, lorsque le poisson vient « toucher » l'hameçon avant de l'attraper à pleine bouche.

Les Pourquoi de la Table

? ?

Pourquoi fait-on « table rase » ?

Du latin *tabula* (italien *tavola*), « planche ». Il arrivait, lors de divertissements ou de banquets, que les convives soient très nombreux à table. Ne disposant pas de tables au sens où nous l'entendons aujourd'hui, on installait des planches de fortune sur des tréteaux. Le banquet (ou la noce) terminé, on faisait « table rase », c'est-à-dire qu'on débarrassait la table pour pouvoir replier les tréteaux et les ranger. À ce propos : à l'exception des nobles, qui disposaient d'une chaise à dossier, la **cathèdre**, les invités se répartissaient sur des bancs ou banquettes pour les repas de fête, d'où le mot **banquet**.

Pourquoi mettre le « couvert », à l'origine, était-il un acte très sérieux ?

Aujourd'hui, mettre le couvert est un acte simple : il consiste à poser sur la table le nécessaire au repas.

Il n'en allait pourtant pas de même au Moyen Âge, où la peur du poison était tenace ; en conséquence, un responsable de bouche, qui officiait en cuisine, était chargé de surveiller les mirlitons et de mettre un couvercle ou une cloche sur chaque plat prêt à être servi : les plats ainsi « couverts » étaient protégés de toute main étrangère désireuse d'empoisonner la nourriture. Arrivés sur la table couverts, ils le restaient tant que tous les convives n'étaient pas assis. Précisons enfin qu'être reçu à plats découverts était assimilé à une insulte, un manque d'estime pour l'invité.

Pourquoi « apprêter » la table était-il dangereux ?

La peur de l'empoisonnement (malgré le « couvert » et la surveillance en cuisine) donnait lieu à un autre usage : un maître « de prêt », ou **écuyer de bouche**, était chargé de prendre de la mie de pain pour essuyer chaque couvert, puis l'assiette, avant de manger le pain ; il contrôlait de même la boisson, en la goûtant auparavant. S'il ne mourait pas dans le quart d'heure, on estimait pouvoir passer à table. On disait alors qu'il « faisait le prêt », ou qu'il « apprêtait » le couvert (puis la table).

Pourquoi jadis mangeait-on son assiette ?

L'assiette individuelle ne date que du XVIe siècle et fut, jadis, une tranche de pain posée à même la table sur laquelle on posait la nourriture ; on finissait le repas en mangeant le pain ramolli par les différents jus ou sauces. On mettait une seule assiette pour plusieurs personnes lorsqu'elles appartenaient à la même famille, ou pour un couple. L'expression « manger dans la même assiette » signifiait qu'on était unis par des liens très étroits, soit familiaux, soit intimes. Il nous en est resté l'expression plus moderne « manger dans la même gamelle ».

Pourquoi s'est-on mis à manger avec une fourchette ?

Si la fourchette était présente sur la table, elle n'était destinée qu'au service et l'on mangeait avec les doigts. La fourchette individuelle fut mise à la mode par Henri III et ses mignons.

C'est sous ce règne que la mode de la « fraise » se répandit, et tous les cous se virent cernés de la collerette blanche, rigide et encombrante ; difficile de se nourrir correctement dans de telles conditions. La fourchette, prolongement du bras, fut jugée fort utile ; ainsi son utilisation se généralisa-t-elle.

Pourquoi ne coupe-t-on pas la salade avec son couteau ?

Le code du savoir-vivre proscrit l'usage du couteau pour couper sa salade dans l'assiette (si la maîtresse de maison a été négligente, il faut plier la feuille de salade, mais ne jamais la couper)… Cet usage s'est répandu avec l'arrivée de la fourchette et avant celle des couverts en Inox : le vinaigre attaquant l'argent, les couverts étaient *de facto* entièrement noircis. Voilà pourquoi on décréta qu'on ne couperait plus la salade dans son assiette mais qu'on la replierait sur sa fourchette à l'aide d'un morceau de pain.

Pourquoi les couteaux de table ont-ils le bout arrondi ?

C'est le cardinal de Richelieu, exaspéré de voir les convives se curer les dents avec la pointe de leur couteau, qui en commanda au bout arrondi. De nombreux gentilshommes adoptèrent cet usage, et le couteau à bout rond fut bientôt présent sur toutes les tables.

Pourquoi, dans les restaurants, parle-t-on de « service » ?

On entend souvent dire « premier service », « deuxième service »… Cette expression nous vient elle aussi du Moyen Âge. L'usage voulait que paraissent, sur la table des riches, d'immenses plats chargés de viandes, de poissons et de légumes empilés ; au lieu de présenter ces mets séparément, on en rassemblait plusieurs dans un seul plat, qui prenait le nom d'« assiette » ou de « service ». Ainsi présentait-on le « premier service » (qui était à lui seul un repas complet) avant d'apporter le deuxième plat, nommé « deuxième service », et ainsi de suite.

Pourquoi, dans ces repas copieux, proposer des entremets ?

Les repas étaient si longs, si copieux, que l'on prévoyait des divertissements entre les mets, de manière à laisser du repos aux estomacs. Les services étaient d'ailleurs réglés à l'instar d'un ballet, que dirigeait le maître d'hôtel ; ainsi, entre deux mets, on admirait la prestation de jongleurs, d'acrobates, de mimes, de montreurs d'animaux savants et de musiciens. L'entremets pouvait également être un plat spécial à préoccupation esthétique ; par exemple le « vœu du paon » : l'animal rôti, on reconstituait soigneusement son plumage avec du fil pour le présenter aux convives comme s'il faisait la roue ; puis on invitait les hôtes à faire des vœux devant lui.

Pourquoi la tradition du petit doigt levé ?

Quoi de plus distingué pour d'aucuns que de boire son thé en tenant le petit doigt levé ! Connaissent-ils tous l'origine peu ragoûtante de cet usage ?

Sur les tables du Moyen Âge, on empoignait les aliments à pleines mains : viandes ou poissons en sauce, légumes, etc. Les convives gardaient cependant toujours le petit doigt en l'air pour le laisser propre. Le petit doigt, resté sec, servait à l'assaisonnement en épices.

Pourquoi le « rince-bouche » n'est-il plus en usage de nos jours ?

Au Moyen Âge, même les princes mangeaient comme des rustres : on se servait avec les mains, on suçait ses doigts, on se curait les dents avec un os de poulet ou une arête de poisson et, à la fin du repas, on se rinçait la bouche à coups de gargarismes avant de recracher dans un godet (le « rince-bouche »). Mais tout ça, c'était avant la fourchette, qui a introduit des manières plus raffinées.

Pourquoi les « gens de bouche » n'avaient-ils pas tous le « droit de bouche » ?

Les grands de ce monde disposaient de nombreux serviteurs ; parmi eux, les « gens de bouche », à savoir ceux qu'on chargeait de l'approvisionnement. Seule une catégorie dite « bouche à cour », était nourrie aux frais du roi ou du prince, les autres devaient quitter les lieux à l'heure du repas. Le signal était donné par un officier qui criait et faisait relayer : *aus keus!* (« à table! ») ; tous les portiers vidaient alors du palais les gens qui n'avaient pas droit de bouche, même s'ils étaient gens de bouche…

Pourquoi appelle-t-on « sommelier » le responsable des vins ?

Parmi les gens de bouche, une personne, préposée aux vins, avait pour fonction exclusive de commander et de réceptionner le vin, qui était acheminé jusqu'au château à dos d'âne, plus communément appelé « sommier » ou « bête de somme »… La tâche qui consistait à réceptionner les bêtes et leur charge fut baptisée « charge de sommellerie », donnant au responsable de cet emploi le titre de «sommelier».

Pourquoi ne pose-t-on pas le pain sur le dos à table ?

Cette superstition remonte, elle aussi, au Moyen Âge, à cette époque où la justice, plutôt expéditive, avait besoin d'un bourreau.

Pour être certain de trouver sa miche de pain chez le boulanger après sa longue journée de labeur, le bourreau se la faisait mettre de côté. Par superstition, le pain destiné au bourreau lui était exclusivement réservé et nul n'en aurait voulu sur sa table, quitte à rester sans pain. Ainsi, le boulanger retournait le pain du bourreau sur le dos afin qu'il ne soit plus touché ou vendu à un autre villageois. Associé au malheur, à la mort, le pain couché sur le dos devint source de superstition au fil du temps.

Pourquoi boit-on à la santé de quelqu'un ?

Au Moyen Âge, on pensait que l'ivresse était bonne pour la santé car, lorsque l'on buvait, on vomissait et, ainsi, on vidait son corps, on le nettoyait, on se débarrassait des humeurs nuisibles. La personne ayant bu sombrait dans un profond sommeil, et – partant du principe que le sommeil est réparateur – on y voyait un effet salutaire. Ainsi, certains médecins n'hésitaient-ils pas à prescrire une ivresse deux fois par mois. De fait, on buvait à tout et sans compter. Par exemple, lorsque l'on buvait à la santé de la femme aimée, on trinquait autant de fois qu'il y avait de lettres à son nom.

Mais François Iᵉʳ, qui haïssait les comportements dus à l'alcoolisme, y mit un terme par des lois punitives.

Pourquoi porte-t-on un « toast » ?

Lorsque l'on buvait à la santé de la dame chère à son cœur, chacun trempait un morceau de pain dans le vin avant de passer la coupe à son voisin. Les Anglais y ajoutèrent une variante : on jetait un morceau de pain au fond de la coupe avant de la faire tourner ; le dernier buveur mangeait également le pain qui restait au fond en faisant un vœu amoureux. Une anecdote raconte, au sujet d'un bain d'Anne Boleyn, que, pour rendre hommage à sa rare beauté, les seigneurs de sa suite burent chacun un verre d'eau puisée dans sa baignoire. Un seul ne le fit pas ; à ceux qui lui en demandèrent la raison il répondit : « Je me réserve le *tost* ! » Cette coutume revint en France mais on remplaça le pain trempé dans le vin par une tranche de pain *tosté*, c'est-à-dire grillé, que l'on tenait dans la main. Ainsi portait-on alors un *tost* (devenu « toast ») en l'honneur d'une dame.

Pourquoi dit-on que l'on « pend la crémaillère » ?

La « crémaillère » est le crochet qui sert à pendre une marmite dans la cheminée.

Dans les campagnes, l'âtre était le centre du foyer, l'endroit où était appendu le chaudron servant à préparer le repas (chez les riches on y plaçait aussi, sur des trépieds, les marmites où cuisaient les mets). Ainsi, lorsque l'on s'établissait dans une maison, on finissait par accrocher la crémaillère dans la cheminée pour y suspendre le chaudron, dans lequel on faisait son premier repas, que l'on partageait avec tous ceux qui avaient aidé aux travaux d'installation. D'où la coutume de la « pendaison de crémaillère » qui nous est restée et qui consiste aujourd'hui à inviter ses amis pour fêter son emménagement.

Pourquoi un « maître coq » n'a-t-il rien de commun avec le volatile ?

Le « coq » n'est autre que le cuisinier sur un navire (du latin *coquus*, « cuisinier» et de *coquere*, « cuire ») ; à terre, on appelle le chef des cuisiniers **maître queux**.

Pourquoi un plat du terroir porte-t-il le nom de « haricot de mouton » ?

On pourrait se demander de quel haricot le mouton peut bien être l'heureux propriétaire... Nous nous trouvons, cette fois encore, devant l'assonance d'un mot de français ancien : *haligoter*, qui signifiait « mettre en pièces, en morceaux »; par conséquent, un *haligot* était un petit morceau. Par corruption, ces deux mots sont devenus *haricoter* (sorti de l'usage) et « haricot ». Ainsi, un ragoût composé de viande de mouton coupée en morceaux est-il devenu un « haricot de mouton ».

Pourquoi le pique-nique a-t-il vu le jour?

Au Moyen Âge, les « déjeuners sur l'herbe » consistaient à apporter chacun son plat pour composer un repas en plein air. Les pique-niques, qui remontent à la fin du XVII⁰ siècle et sont basés sur le même principe, se faisaient aussi bien à l'extérieur que chez un particulier. Chacun « piquait » ou « allait à la pique », c'est-à-dire picorait en racontant des *niques*, des choses futiles, des mondanités. Cette coutume nous a aussi laissé le **pique-assiette**, qui profite des soirées mondaines pour se mêler aux convives et « piquer » çà et là sa pitance gratuitement.

Pourquoi parle-t-on de « faire la nique » ?

Dans la plupart des contes allemands on trouvait un lutin malicieux qui cherchait toujours à jouer quelque tour pendable aux hommes, et qui se prénommait Neck (dérivé de *nicken* ou *nechen*, « taquiner, faire une malice, une petite méchanceté »). C'est à cette créature qu'il faudrait attribuer l'origine de l'expression « faire la nique ».

Pourquoi le nom de « fauteuil » est-il donné à un siège ?

Ce mot tire son origine de *faudestuel*, qui était un siège pliant, recouvert d'un coussin et réservé aux personnages importants. Utilisé à Constantinople par l'empereur, il fit l'admiration des premiers croisés, qui l'introduisirent en Europe.

Pourquoi le sandwich est-il né en Europe?

Alors que l'on ingurgite près de 20 milliards de sandwiches par an aux États-Unis, il faut rendre à César ce qui est à César et à lord Sandwich son invention. Sir John Montagu, quatrième comte de Sandwich (1718-1792), amiral de la flotte et joueur invétéré, était à ce point possédé par le jeu qu'une fois installé à une table il ne pouvait plus la quitter. Un jour où il menait une partie interminable, il demanda à son valet de lui apporter de quoi se restaurer. Celui-ci lui apporta le dîner sur un plateau, composé de viande froide enserrée entre deux tranches de pain (pour ne pas se salir les doigts). L'idée fut adoptée et dans les salons de jeu on se restaura « à la Sandwich ». Une recette était née.

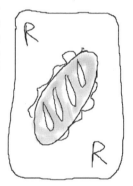

Pourquoi le hot-dog porte-t-il ce nom de « chien chaud » ?

Ce sandwich si populaire outre-Atlantique n'est pourtant pas né aux États-Unis mais… en Allemagne. « Saucisse », du latin *salsus* (« sel »), fait référence aux morceaux de viande que l'on conservait par salaison. La **saucisse** était déjà connue mille cinq cents ans avant

J.-C. à Babylone et en Chine. Si dans les pays du Sud elle était sèche pour des raisons de conservation évidentes, elle était fraîche dans les pays du Nord.

Un boucher allemand du nom de Charles Feltman eut un jour la bonne idée d'en vendre sur les places publiques. Pour éviter les brûlures ou le gras aux doigts, il demanda à un boulanger de lui confectionner des petits pains pour tenir les saucisses. Lorsque des Allemands émigrèrent aux États-Unis, ils y introduisirent les saucisses fraîches, mais également le teckel, que les Américains, taquins, comme on le sait, comparaient à une saucisse ambulante. Pour railler l'origine douteuse de la chair des saucisses vendues par les Allemands, les Américains les appelèrent « chiens chauds », avant de les adopter…

Et le hamburger ?

Pas plus américain que le hot-dog ou le sandwich, le hamburger est né à Hambourg, encore en Allemagne.

Au XIXᵉ siècle, beaucoup d'Allemands émigrèrent aux États-Unis, et le port de Hambourg se spécialisa dans ces voyages d'émigration. À bord, le steak haché était le menu incontournable et les Allemands en étendirent la consommation dans tout le pays. Deux frères, Maurice et Richard MacDonald, décidèrent de monter un stand près d'un cinéma, où ils vendaient ces steaks hachés de Hambourg entre deux tranches de pain. En 1948, ils ouvrirent leur premier libre-service. On connaît la suite…

Pourquoi le kir porte-t-il ce nom ?

Le kir, vin blanc cassis apéritif fait de deux tiers de vin blanc pour un tiers de crème cassis, doit son nom au chanoine Kir, qui participa activement à l'évasion de plus de 5 000 prisonniers de guerre du camp de Longvic durant la Seconde Guerre mondiale. Après la guerre, il accéda au poste de maire de Dijon, devint député de la Côte-d'Or et doyen de l'Assemblée nationale de 1953 à 1967. Préoccupé par la baisse des ventes de cassis, il imposa l'apéritif, qui porte désormais son nom, à toutes les réceptions officielles qu'il présidait.

Pourquoi le pot-pourri porte-t-il ce nom peu ragoûtant ?

Les morceaux de musique composés de différents airs connus rassemblés sans ordre et sans liaison, les mélanges de fleurs séchées au parfum désuet, communément appelés « pots-pourris », doivent leur nom à l'ancêtre de notre pot-au-feu, qui consistait à faire bouillir différentes viandes mélangées à des herbes. Lorsque ce mélange avait par trop bouilli, qu'on l'avait fait « pourrir » à force de le cuire, on le servait dans le pot même où il avait cuit. Ce plat s'appelait le *pot pourry*.

Pourquoi la tomate est-elle classée dans la famille des fruits ?

De ses voyages d'exploration, Christophe Colomb avait rapporté au pays des mets inconnus, dont un fruit que les Aztèques nommaient *tomatl*, qui servait aux indigènes pour la préparation des sauces à base de piment. La *tomatl*, baptisée « pomme d'or » par les Italiens, ne rencontra pas d'abord le succès escompté et dut attendre près d'un demi-siècle pour être consommée en cuisine. La France, qui nomma le fruit « pomme d'amour », ne l'utilisa qu'en décoration. La tomate resta un fruit à confitures pendant plus de trois siècles.

Pourquoi les spaghettis sont-ils revendiqués par les Italiens ?

Un document du 2 août 1244 de l'Archivio di Stato di Genova, nous apprend que Giovanni Da Pian Carpino a été le premier ambassadeur occidental auprès du Grand Khan, quinze ans avant Marco Polo, et qu'à cette époque les pâtes existaient déjà en Italie. En effet, cette même année, et selon ce document, un médecin de Bergame (Italie) promet à un lainier de Gênes qu'il le guérira de l'infirmité dont il est atteint, à la condition *sine qua non* de ne plus manger ni viande, ni fruits, ni pain, ni pâtes. Ce qui remet en cause la théorie selon laquelle Marco Polo aurait introduit en Italie les pâtes inventées par les Chinois…

Les Pourquoi
de la Mythologie

Pourquoi la peur est-elle parfois panique ?

La peur panique (= peur de Pan) évoque la terreur… Fils d'Hermès, Pan était le dieu des pâturages, des moutons et des chèvres. Il naquit avec des membres inférieurs de bouc et des cornes sur la tête (c'est ainsi que l'on représentait le diable au Moyen Âge). Lorsque sa mère découvrit le monstre qu'elle avait engendré, elle fut à ce point terrifiée qu'elle s'enfuit et l'abandonna. Pan grandit dans la forêt, passant ses journées à surprendre les nymphes et à les poursuivre de ses ardeurs ; bien sûr, comme il était laid, elles fuyaient en hurlant ! Un jour, Pan poursuivait une nymphe qui se retrouva acculée au bord du fleuve qu'elle ne pouvait traverser. Comment échapper à Pan ? « Paniquée », donc, elle demanda de l'aide aux nymphes de la forêt, qui la transformèrent en roseau. Pan découpa alors le roseau, en assembla les morceaux et en fit un instrument qui devint sa flûte : **la flûte de Pan**.

Pourquoi dit-on de quelqu'un qu' « il est du bois dont on fait les flûtes » ?

Cette expression désigne un homme sans caractère, qui se rallie aisément à l'opinion des autres et dont on fait ce qu'on veut, par allusion au roseau, qui sert à façonner les flûtes ; fragile, le roseau plie au moindre vent.

Pourquoi affuble-t-on les mauvais élèves d'un bonnet avec des oreilles d'âne ?

Il y eut un jour un concours de musique entre Apollon et Pan (avec sa flûte) ; le juge accorda la victoire à Apollon. Midas, le roi qui avait organisé cette joute, eut des commentaires à ce point stupides qu'Apollon, courroucé, lui fit pousser des oreilles d'âne. Pour ne pas provoquer les moqueries des autres, Midas les cacha sous un bonnet. Plus tard, en guise de punition, on infligea des « oreilles d'âne » aux mauvais élèves, à l'imitation de celles de Midas.

Pourquoi un travail de Sisyphe est-il à ce point éprouvant ?

Sisyphe, roi de Corinthe, était un homme cruel, ambitieux, avide. Condamné par les dieux, il fut contraint de hisser un lourd rocher jusqu'au sommet d'une montagne ; mais, dès lors qu'il y était parvenu et croyait sa peine effectuée, le rocher roulait au bas de la pente, l'obligeant à recommencer. Accomplir un travail de Sisyphe, c'est, à l'instar du héros mythologique, effectuer un travail difficile, en vain recommencé, et dont on ne voit jamais le bout.

D'aucuns lui préféreront l'expression « tonneau des Danaïdes », également synonyme de travail sans fin. Danaos, héros de la mythologie, avait cinquante filles, les Danaïdes. Ayant assassiné leurs époux, elles furent envoyées aux Enfers et condamnées à remplir un tonneau au fond percé.

Pourquoi le supplice de Tantale est-il une punition terrible ?

Le supplice de Tantale évoque un désir que l'on ne peut assouvir, à l'instar de celui de Tantale, fils de Zeus et de la nymphe Plota. Pour éprouver la divinité des dieux qu'il recevait à sa table, Tantale leur servit son propre fils, Pélops, découpé en morceaux. Démasqué, il fut précipité dans le Tartare et condamné à ressentir une faim et une soif dévorantes sans jamais pouvoir les assouvir.

Pourquoi aime-t-on s'abandonner dans les bras de Morphée ?

Fils d'Hypnos, dieu du sommeil et de la nuit, Morphée était le dieu des songes dans la mythologie grecque. Alcinoos, un mortel, avait irrité les dieux pour avoir hébergé Jason et les Argonautes, ainsi qu'Ulysse, lors de leurs expéditions. La femme d'Alcinoos mourut et Alcinoos en perdit le sommeil. Il demanda l'aide de Morphée, qui le fit dormir en le prenant dans ses bras. Ainsi, « être dans les bras de Morphée », c'est dormir d'un sommeil profond et paisible. Ce dieu a également donné son nom à la morphine.

Pourquoi évoque-t-on « les écuries d'Augias » ?

Roi d'Élide, Augias possédait trois mille têtes de bétail et par conséquent des stalles, qu'il n'avait jamais pris soin de nettoyer. L'un des « douze travaux » d'Hercule consista à nettoyer ces écuries en une seule journée. Le héros vint

pourtant à bout de cette tâche impossible puisqu'il détourna le fleuve Alphée, qui nettoya instantanément les tonnes d'immondices accumulées. La force exceptionnelle d'Hercule-Héraclès qui lui permit de surmonter toutes les épreuves infligées par Eurysthée (qui lui avait imposé les « douze travaux »), est à l'origine de l'adjectif « herculéen », qui évoque une force incroyable, aujourd'hui concurrencé par de plus contemporains « c'est un vrai Schwarzenneger » ou autres « Hulk », « Superman » et compagnie.

Pourquoi n'est-il pas bon se perdre dans un « dédale » ?

Synonyme de « labyrinthe », cette expression fait référence à l'histoire de Thésée et à Dédale, l'architecte qui avait imaginé et construit le Labyrinthe, en Crète, où fut enfermé le Minotaure, monstre mi-homme mi-taureau. C'était une succession de couloirs identiques qui s'entre-croisaient, se dispersaient, se perdaient sans que l'on puisse jamais en trouver l'issue. Ainsi, se perdre dans un « dédale » laisse entendre que l'on se trouve dans une situation compliquée, sans issue.

Pourquoi vaut-il mieux alors avoir son fil d'Ariane...

Fille du roi Minos, Ariane aida le héros Thésée (dont elle était tombée amoureuse) dans son entreprise. Elle lui confia une bobine de fil, que Thésée devait dérouler dans le Labyrinthe. Une fois le Minotaure tué, il ne lui restait plus qu'à enrouler la bobine et suivre le fil pour parvenir sans encombre jusqu'à la sortie. Ce que fit Thésée. Mais, après avoir épousé Ariane, il l'abandonna sur une île…

Pourquoi n'aime-t-on pas « aller de Charybde en Scylla » ?

« Aller de Charybde en Scylla », c'est aller d'une difficulté à une autre sans grand espoir de trouver une issue favorable. Punie par Hercule pour avoir volé son bétail, Charybde, fille de Poséidon, fut précipitée dans le gouffre de Messine (près de la Sicile) où se trouvait le monstre Scylla, tout aussi affamé qu'elle. Charybde était d'un côté du gouffre et Scylla de l'autre. Par leurs remous, ils aspiraient les navires qui passaient dans le détroit et les engloutissaient. Ainsi, pour éviter les tourbillons de Charybde, les navires s'en éloignaient, prenant le risque de tomber dans ceux de Scylla.

Pourquoi une voix de stentor fait-elle grand bruit ?

Une voix de stentor est une voix forte, retentissante. Stentor, l'un des héros de l'Iliade, était le crieur de l'armée grecque lors du siège de la ville de Troie. Sa voix avait la puissance de celles de cinquante guerriers réunis. Le dieu Mercure le provoqua à une lutte vocale, qui vit succomber le héros.

Pourquoi certains cèdent-ils au « chant des sirènes » ?

Cette expression s'applique à un piège aux allures séductrices propres à nous perdre et se réfère aux sirènes, êtres mythologiques représentés avec un buste de femme et une queue de poisson. Les sirènes étaient redoutables aux marins, qu'elles envoûtaient par des chants mélodieux, les attirant ainsi dans les flots pour les dévorer. Afin de leur résister, le héros Ulysse s'était fait ligoter au mât de son navire par ses compagnons.

Pourquoi ne faut-il pas « ouvrir la boîte de Pandore » ?

« Ouvrir la boîte de Pandore », c'est se mettre dans une situation catastrophique ou inextricable, à l'instar de Pandore, la première femme selon la mythologie, créée par Vulcain, le dieu des forges. Le jour de son mariage, les dieux lui offrirent un coffret scellé en lui recommandant de ne jamais l'ouvrir. Mais, rongée par la curiosité, Pandore désobéit et ouvrit la boîte fatale, d'où s'échappèrent tous les fléaux du monde, qui se répandirent sur la terre. Réalisant ce qu'elle avait fait, Pandore referma rapidement le coffret, emprisonnant l'espérance, restée dans le fond de la boîte…

Pourquoi la pomme est-elle le fruit de la discorde ?

Une « pomme de discorde », c'est un sujet de querelle ou de division. Furieuse de n'avoir pas été conviée aux noces de Thétis et de Pélée, qui rassemblaient déesses et dieux, Éris, déesse de la discorde, s'y présenta tout de même et posa une pomme sur la table du banquet en déclarant : « Ceci est un présent pour la plus belle femme ici présente. » Aussitôt, Vénus, Minerve et Junon se disputèrent le présent. Il fallut faire appel à l'innocence d'un jeune berger (Pâris) pour les départager : celui-ci donna la pomme à Vénus, qui devint ainsi sa protectrice et lui permit plus tard d'enlever Hélène, l'épouse de Ménélas (événement qui conduisit à la guerre de Troie).

Pourquoi vaut-il mieux garder un « calme olympien » ?

Les dieux vivaient sur les cimes de l'Olympe, la montagne de Grèce la plus élevée. Zeus, leur chef, est représenté par les sculpteurs comme un dieu noble, qui préside l'ordre universel, sûr de lui et calme. L'expression « calme olympien » se réfère à la placidité des dieux, qui savent garder leur sang-froid en toutes circonstances puisque, de toute façon, ils auront gain de cause grâce à leur pouvoir.

Zeus nous a laissé d'autres expressions, comme « s'attirer les foudres … ».

Il s'était emparé de la foudre, dont il avait fait son sceptre. Ainsi, lorsqu'on le mettait en colère, il lançait ses foudres pour terrasser les gens. Par conséquent, « s'attirer les foudres » de quelqu'un est une façon métaphorique de dire que l'on s'attire sa colère et que ça risque de mal finir !

… ou « sortir de la cuisse de Jupiter » ?

Jupiter est le nom romain donné à Zeus. Sémélé attendait un enfant de Zeus (Dionysos, dieu de la vigne), mais elle mourut avant de le mettre au monde. Zeus, pour sauver l'enfant, ouvrit le ventre de Sémélé et mit le bébé dans sa cuisse. À la fin de la grossesse, Zeus s'ouvrit la cuisse et en tira Dionysos. Ainsi, « sortir de la cuisse de Jupiter » signifie que l'on est né d'une puissance divine et protectrice. Et ne pas en sortir, c'est, à l'inverse, ne pas être avantagé…

... ou encore être « un foudre de guerre » ?

Héphaïstos (le Vulcain des Romains), fils d'Athéna (déesse de la guerre), était le dieu des forges ; à ce titre, il fabriquait toutes les armes des dieux, notamment celles de Zeus, à savoir ses foudres. Zeus était puissant et invincible grâce à ces armes et à ses connaissances dans l'art de la guerre. Ainsi, dire de quelqu'un qu'il est « un foudre de guerre » signifie qu'on le juge puissant et invincible, à l'image de Zeus.

Pourquoi se placer « sous l'égide » de quelqu'un ?

« Égide », issu du grec, signifie « peau de chèvre » dans cette langue. Signification à mettre en rapport avec la chèvre Amalthée, qui avait nourri Zeus et devint constellation. Le mot « égide » a d'abord désigné le bouclier miraculeux de Zeus, devenu celui d'Athéna, laquelle avait aidé Persée à vaincre la Gorgone Méduse. La déesse avait placé la tête pétrifiante de la Gorgone sur son bouclier. « Être sous l'égide de quelqu'un », c'est être sous sa protection.

À ne pas confondre avec « être l'égérie » de quelqu'un...

« Être l'égérie » de quelqu'un, c'est être sa source d'inspiration. Égérie était une nymphe, qui vivait dans les bois et qui donnait des conseils à ceux qui venaient la consulter. Numa Pompilius, roi de Rome, l'épousa. À la mort de Numa, Égérie fut inconsolable. Diane (Artémis), la déesse de la chasse, pour apaiser ses lamentations, la changea en source.

Pourquoi l'expression « pléiade d'artistes » ?

Cette expression fait référence aux sept filles du Titan Atlas et de Pléioné l'Océanide. Comme les jeunes filles étaient sans cesse poursuivies par Orion, Zeus, pour leur permettre d'échapper au Géant, les métamorphosa en sept étoiles, la constellation des Pléiades… Mais Orion se mua lui aussi en constellation afin de les poursuivre dans le firmament (il les poursuit toujours). Les Pléiades sont un groupe d'étoiles lumineuses, qui aident les navigateurs. Le mot « pléiade » évoque un bouquet, un groupe d'étoiles et, par extension, une brassée d'artistes remarquables (*stars*) qui suscitent l'admiration.

Pourquoi parle-t-on de « harpie » ?

Les Harpies étaient trois femelles monstrueuses : elles avaient la tête et la poitrine d'une femme et étaient pourvues d'ailes et de serres d'oiseaux de proie. Elles s'amusaient à faire le mal, à attaquer les gens, à jouer des tours. Elles eurent un rôle dans la malédiction de Phinée, le roi qui avait hébergé Jason et les Argonautes : elles troublèrent le repas, volèrent des mets, souillèrent la table de leurs excréments. On dit d'une femme qu'elle est « une vraie harpie » lorsqu'elle s'amuse des malheurs des autres, sème le trouble autour d'elle par cruauté ou par méchanceté.

Dans le même ordre d'idées, notons un autre groupe de divinités maléfiques : les **Furies** ou **Érinyes**, déesses grecques de la vengeance.

... ou de « tête de gorgone » ?

Les Gorgones étaient hideuses, notamment Méduse, avec sa chevelure faite de serpents enchevêtrés. Dire de quelqu'un qu'il ou elle a une « tête de gorgone », c'est dire qu'il ou elle a une tête à faire peur, et qu'elle n'inspire pas la sympathie.

Pourquoi les femmes montaient-elles autrefois « en amazone » ?

Les femmes, fort longtemps gênées par leurs robes à crinoline, montaient à cheval en plaçant les deux jambes du même côté de la monture, manière dite « en amazone » par référence aux Amazones, ces femmes guerrières, excellentes cavalières, qui montaient pourtant comme les hommes. Avec l'apparition des jupes-culottes, puis du pantalon, les femmes commencèrent à adopter la manière plus pratique et plus masculine de monter à cheval.

Pourquoi le « talon d'Achille » est-il synonyme de faiblesse ?

Cette expression fait référence à Achille, le plus important des héros grecs de l'Iliade. Zeus et Poséidon étaient tous deux tombés amoureux de la nymphe Thétis et voulaient, chacun, un enfant d'elle. Mais un oracle leur prédit que le fils de Thétis serait plus puissant que son père. Peu enclins à courir ce risque, Zeus et Poséidon renoncèrent à la belle et s'empressèrent de la marier à un mortel. Mais Thétis, voulant son enfant immortel, le badigeonna d'ambroisie (le nectar des dieux) et le plongea dans le Styx, fleuve des Enfers. Toutefois le talon, par lequel elle le tenait, resta sec et donc vulnérable. Pâris, héros de la guerre de Troie, informé de cette faiblesse, tira une flèche qui blessa mortellement Achille. On l'aura compris, « c'est mon talon d'Achille » signifie que telle chose est notre faiblesse, la faille qui causera notre perte.

Pourquoi craint-on une chaleur caniculaire ?

En récompense de sa fidélité, la petite chienne ayant gardé le corps d'Icare (le fils de l'architecte Dédale, qui avait eu l'idée du Labyrinthe) fut muée en une constellation (*Canicula*, « Petite Chienne »), qui se lève et se couche avec le Soleil (du 5 juillet au 5 septembre), marquant ainsi la période pendant laquelle il fait le plus chaud. De là découlent « canicule » et « chaleur caniculaire ».

Pourquoi représente-t-on la justice les yeux bandés, tenant d'une main un plateau et de l'autre une épée ?

Thémis, la déesse de la justice dans la mythologie grecque, tenait l'épée du jugement dans une main, le plateau servant à peser les arguments dans l'autre. On la représentait les yeux bandés pour signifier qu'elle se contentait d'écouter les faits, restant neutre et objective.

?+?
=
Les Pourquoi de la Science

Eurêka ! Eurêka !

Tout le monde connaît la phrase célèbre prononcée par Archimède (287-212 av. J.-C.), l'un des savants les plus prestigieux de l'histoire, sans toujours pouvoir la situer dans son contexte.

Le roi de Syracuse, son protecteur, avait préalablement demandé au mathématicien et physicien grec de découvrir la fraude d'un orfèvre soupçonné d'avoir mêlé de l'argent à la couronne en or commandée par le roi. C'est en déterminant le poids du liquide déplacé par la couronne, différent suivant le volume de cette dernière, et donc suivant sa composition, que le savant résolut le problème... Et la solution lui vint dans son bain.

Pourquoi les chiffres arabes ont-ils supplanté les chiffres romains et se sont-ils généralisés ?

Le zéro n'existait pas chez les Romains : l'idée s'exprimait par *nihil* (« rien ») ; *nullus* (« aucun ») ; *neuter, neutra* (« aucun des deux »).

Les Arabes utilisaient le système de base 10, zéro inclus, que les Occidentaux adoptèrent. Les chiffres arabes facilitaient grandement le calcul. Imaginons qu'il faille écrire 6828 ; en chiffres romains, cela donnerait MMMMMMDCCCXXVIII ; sans parler des multiplications, divisions et autres chiffres à virgule ! Quant au mot **algèbre** (de *al*, article, et *djebr*, « réduction de membre »), désignant ce système de représentation des grandeurs par des lettres, il a été introduit en Europe par les Arabes (vers 950).

Pourquoi le bureau s'est-il d'abord porté sur les genoux ?

Le bureau tire son origine du Moyen Âge. Le caissier de l'ordre du Temple (les Templiers étaient les banquiers du Moyen Âge) utilisait, pour faire ses comptes, un échiquier qui était, si l'on peut dire, la calculette du XIIIe siècle. Cet échiquier, posé sur les genoux et divisé (comme celui que nous connaissons) en cases de deux couleurs, disposées sur une toile de bure, *il buro*, nous a laissé le mot « bureau ».

Pourquoi le bureau impliquait-il une méthode de calcul infaillible ?

Pour expliquer cette méthode de calcul, référons-nous à la légende de l'invention du jeu d'échecs, attribuée à un brahmane nommé Sissa. Dans le but de ramener à la raison un prince qui dédaignait les conseils de ses proches, Sissa décida de lui démontrer qu'un souverain n'a réellement de puissance que par l'appui de ses fidèles. Ce jeu de « stratégie » (combat symbolique) passionna le prince au point qu'il voulut récompenser son créateur. L'homme lui demanda simplement du blé.

« Du blé ? dit le prince. Qu'à cela ne tienne. Combien en veux-tu ?

– Il suffira à ton intendant de déposer un grain de blé sur la première case, deux grains sur la seconde, quatre sur la suivante, puis huit, puis seize, et ainsi de suite jusqu'à la soixante-quatrième et dernière case. »

Amusé par tant de naïveté et heureux de s'en tirer à bon compte – du moins le pensait-il –, le prince accéda à sa requête.

Mais quelle ne fut pas sa surprise, et celle de tous ses conseillers, en constatant que, parvenu à la soixante-quatrième case, le nombre de grains de blé, doublé à chaque case, atteignait un total astronomique de $2^{64} - 1$. Belle table de calcul, non ?

Le brahmane avoua avoir voulu faire comprendre au prince, par cette dernière leçon, qu'il devait aussi prendre garde aux avis de ceux qui l'entouraient.

Au fait... pourquoi trouve-t-on une reine et un fou sur l'échiquier ?

Inventé en Inde au VIᵉ siècle, le jeu d'échecs fut introduit en Iran où les Arabes le découvrirent vers 650 et l'adoptèrent. Ils l'introduisirent ensuite dans tout le Bassin méditerranéen. Que vient faire un fou sur l'échiquier? Et une reine (les reines ne font pas la guerre et ne sont jamais présentes sur les champs de bataille)? Et pourquoi des tours?

En voici l'éclaircissement :

- les **pions** représentent les soldats de l'armée de terre (ou mamelouks);
- le cheval : le cavalier ou chevalier;
- les **tours** : placées sur le dos des éléphants ou des chameaux, elles permettaient aux princes de voyager à l'abri du soleil entre deux batailles et étaient protégées par un homme armé d'un arc;
- le **fou** : il représentait l'officier (*aufin* ou *alfil*); lorsque le jeu se répandit, *alfil* se transforma en *afil*, *fil* puis *fol* qui, en français ancien, signifie « fou »;
- La **reine**, en fait, n'est pas une femme. Elle représente le conseiller du roi, son *firzan* (le « vizir ») ou général en chef, dont la prononciation *firz* se galvauda en *fiers*, *fers*, puis *vierge* dans la prononciation européenne avant de devenir « reine »;
- le roi était la pièce maîtresse du jeu. Ses généraux *(firz)* se battaient pour lui et le protégeaient car il était à peine apte à se défendre lui-même (son rayon de déplacement sur l'échiquier est moindre).

Et pourquoi dit-on « échec et mat » en fin de jeu ?

L'étymologie du nom donné au jeu d'échecs nous conduit à *schah rendj*, qui en persan signifie « détresse du roi ». Par les arcanes des transcriptions *schah* est devenu *scacco* en italien, « échec » en français ; *mat* (de l'arabe *mata*, « tuer ») désigne la mort : ainsi, *scacco mato* (« le roi est tué ») nous a laissé « échec et mat ».

Quant au mot « roquer », qui désigne un mouvement particulier de la tour, c'est la traduction de *rokh*, « chameau ». Louis XIII aimait à ce point les échecs qu'il y jouait même en voiture ; pour éviter de voir les pièces tomber, on les avait pourvues d'aiguilles à la base, que l'on piquait dans un échiquier rembourré. Sans le savoir, il venait d'inventer l'échiquier de voyage…

Pourquoi le boomerang revient-il à son point de départ ?

Le boomerang, arme des Aborigènes australiens, est constitué de deux pales angulaires de surface identique, l'une convexe, l'autre concave. Une fois lancé, grâce à la pression de l'air, il tourne sur lui-même dans le sens où on l'a lancé (ex. : si on le lance à gauche, il tourne dans le sens inverse des aiguilles d'une montre). Grâce à ce sens giratoire, il peut revenir à son point de départ. À condition de le lancer dans le bon sens…

Pourquoi Copernic n'est-il pas le père de l'astronomie ?

Le système décrit par Copernic (planètes qui tournent autour du Soleil) était, en fait, déjà connu dans l'Antiquité (le savant s'en est inspiré).

Pensez donc que deux siècles avant J.-C. Hipparque calcula que l'année solaire comprenait 365 jours 5 h 55 min 12 s (ne se trompant que de 6 min 27 s !). Il calcula la distance de la Terre à la Lune, ne se trompant que de peu. Leucippe disait que tout est composé d'atomes indestructibles, en perpétuel mouvement et séparés par le vide.

Ératosthène évalua la circonférence et le diamètre de la Terre, ne se trompant que d'une vingtaine de kilomètres. Quant à Démocrite, il estimait qu'un nombre incalculable de mondes peuplent l'Univers, certains naissant, d'autres mourant ; que certains n'ont ni soleil ni lune, que d'autres en ont plusieurs... Et il soutenait la théorie audacieuse que la vie sur Terre avait pris sa source dans le limon de la terre...

Pourquoi est-on mis en quarantaine ?

Autrefois, la notion de contagiosité n'existait pas et l'isolement visait seulement à l'exclusion des malades (comme on le faisait des lépreux dans les maladreries). Lors de la grande épidémie de variole, au VIe siècle, les médecins constatèrent que, une fois les malades isolés, la maladie cessait sa progression. On prit des mesures sanitaires en isolant tous les navires arrivant dans les ports durant trente jours : la **trentaine** était née. La quarantaine apparut en 1348 à Venise, lors de la Peste noire. Ne pouvant en venir à bout, les médecins eurent l'idée d'isoler les malades pendant une période de sûreté de quarante jours : la quarantaine était née ; cette mesure s'étendit aux navires venant d'un pays étranger (la peste avait été apportée par des marchands génois venus de Caffa, en Crimée) qui devaient rester au mouillage, isolés, durant une quarantaine de jours, durée plus sûre que la trentaine. Aujourd'hui, l'expression vaut pour toute exclusion d'un groupe pendant un certain laps de temps, qui ne correspond plus forcément à quarante jours.

À propos d'épidémies qui déciment une population...

Bien que « décimer » ait pris une connotation extrême (une épidémie qui « décime » est souvent vue comme particulièrement meurtrière), le sens premier en est pourtant « tuer une personne sur dix ». Decem, « dix », est tiré du système décimal, qui repose sur le fait que les hommes comptent sur leurs dix doigts.

Pourquoi glacière et climatisation datent-elles du Moyen Âge ?

Tout le monde connaît le moyen, utilisé par nos ancêtres, de garder les liquides au frais en les faisant tremper dans l'eau d'un puits ou d'une fontaine, ou encore dans des vases en terre cuite que l'on recouvrait d'un linge humide.

Mais on ignore que la glacière était connue des Turcs bien avant le XVIᵉ siècle : on érigeait en hiver, à l'abri du vent et du soleil, un mur de neige qui, ainsi protégé, pouvait tenir deux ans sans fondre. On y calait des aliments, de l'eau ou du vin qui restaient glacés durant des mois… sans thermostat électrique ; le sultan Saladin consommait des boissons glacées durant ses campagnes militaires.

Cette méthode fut rapportée en Occident grâce aux croisades.

En Europe, on entreposa boissons ou nourriture dans des vases spéciaux, les *refredoer*, qui furent d'abord en cuivre, puis en terre.

Quant à la climatisation d'une pièce, elle se faisait de manière naturelle et consistait tout simplement à étendre des draps mouillés devant une fenêtre ouverte. L'air brassé était ainsi rafraîchi.

Pourquoi dit-on « allô » en décrochant ?

L'aventure du téléphone commença en Italie en 1871, lorsque Antonio Meucci inventa le téléphone, baptisé « télectrophone ». La technique, améliorée, fut brevetée en 1876 aux États-Unis par Alexander Graham Bell (1847-1922) sous le nom de « téléphone ». Notre « allô » vient de la déformation du *hello* américain (car la formule change selon les pays). Précisons en outre que le mot **décibel**, unité de mesure du son, doit son nom au même Bell.

Trente ans après Antonio Meucci, un autre Italien, Guglielmo Marconi, réussit à établir une communication entre l'Angleterre et Terre-Neuve grâce à un signal radio. Le dénommé Hawley Crippen fit les frais de cette nouvelle technique : après avoir tué sa femme, en 1910, il quitta Londres et embarqua pour l'Amérique. Mais la police envoya un message radio au navire et Crippen fut arrêté sur-le-champ.

Pourquoi le SOS est-il le signal de détresse ?

Nous devons l'invention du système de télégraphie utilisant un alphabet par traits et points, encore employé aujourd'hui, à Samuel Finley Morse.

Dans le SOS, d'aucuns lisent l'abréviation de *Save Our Souls* (« sauvez nos âmes ») ; mais, sachant que chaque lettre correspond à un signe (le S équivalant à 3 points), on voit mal comment il peut à la fois signifier *save* et *souls*. Le signal de détresse (3 points, 3 traits, 3 points) a en fait été adopté parce qu'il était facile à retenir, rapide, distinct même par gros temps. Le premier SOS de l'histoire fut lancé par le *Titanic*, dans la nuit du 14 au 15 avril 1912.

Pourquoi hésite-t-on entre degré Celsius et degré Fahrenheit ?

Galilée découvrit que les liquides augmentent de volume en chauffant ou en gelant ; il inventa le thermoscope, qui indique les seules variables suivantes : froid, tiède, chaud.

En 1641, Ferdinand de Toscane inventa le thermomètre. En 1718, le physicien allemand Daniel Gabriel Fahrenheit (1686-1736) tenta de concevoir un instrument plus perfectionné à base de mercure ; il fit ses expériences avec de l'eau très salée et, après bien des tâtonnements, attribua 0 °F à la température de la glace fondante, et 212 °F à celle de l'eau en ébullition. Ce système fut immédiatement adopté par tous les pays anglo-saxons.

Le savant suédois Anders Celsius (1701-1744), pour sa part, fit ses expériences avec de l'eau douce et attribua la température de 0 °C à l'eau qui gèle (soit à 32 °F) et 100 °C à l'eau qui bout. Puis il divisa cette échelle par 100. Notons que **Kelvin**, fondant ses propres expériences sur les caractéristiques de l'hélium, se servit de l'échelle centésimale de Celsius, à laquelle il ajouta 273 à chaque degré. Le zéro absolu équivaut ainsi à – 273,15 °C pour Kelvin.

Pourquoi les « échelles » de mesure ?

Imaginée en 1806 par l'amiral britannique sir Francis Beaufort, **l'échelle de Beaufort** est la graduation de la force des vents utilisée par les météorologistes, les marins, les aviateurs (un vent de 1 Beaufort signifie que la vitesse en est de 1 à 5 km/h ; un vent de 12 Beaufort, point extrême de l'échelle, correspond à un ouragan accompagné de vents d'une vitesse supérieure à 117 km/h).

L'échelle de dureté permet de déterminer la résistance d'un matériau selon son aptitude à rayer un matériau différent. Selon cette échelle, qui a remplacé celle de Brinell puis de Knoop, le diamant est le matériau le plus dur qu'on connaisse, suivi d'un alliage de carbone et de bore et, dans un ordre décroissant, de la topaze, du quartz, du verre…

Quant aux **échelles de MSK et de Richter**, elles servent à évaluer l'intensité d'un tremblement de terre.

Une échelle graduée de 1 à 12 fut imaginée par le géologue italien Mercalli pour mesurer l'intensité d'un séisme : une oscillation de 1 n'était décelée que par les sismographes, à 12 le phénomène saccageait de vastes régions, faisant de nombreuses victimes. Cette échelle fut abandonnée au profit de l'échelle MSK (Medvedev, Sponheuer et Karnik) en 1964, elle-même délaissée pour celle, logarithmique, du géophysicien américain Richter qui, le premier, introduisit en 1935 la notion de magnitude. Elle est dite «ouverte» car, initialement graduée de 1 à 9, elle se réserve d'augmenter sa graduation selon la magnitude de séismes plus violents pouvant encore survenir sur la planète.

Pourquoi le logo de la marque Citroën est-il un double chevron ?

Médecin, mathématicien, inventeur et astrologue italien, Cardano Gerolamo (1501-1576), a mis au point un appareil prévu au départ pour maintenir horizontales les boussoles des navires. André Citroën a rendu le système des chevrons (mécanisme transmettant aux roues leur mouvement de rotation) célèbre à travers la traction à cardans en 1934. Ainsi la marque automobile française, en adoptant le double chevron comme logo, veut rappeler que c'est elle qui mit au point ce procédé.

Pourquoi être daltonien peut-il donner certains avantages ?

Le daltonisme est la forme la plus fréquente de la dyschromatopsie, trouble de la vision des couleurs, qui se caractérise par une incapacité à différencier certaines nuances, voire par l'absence totale de la perception des couleurs.

Isaac Newton fut pionnier dans ce domaine puisqu'il découvrit le spectre des couleurs. Mais c'est le physicien et chimiste anglais John Dalton (1766-1844) qui donna son nom au daltonisme car, atteint de ce trouble de la vue, il fut le premier à le décrire. Ce qui pourrait passer pour un handicap apparaît somme toute comme un avantage pour certains daltoniens : il leur permet par exemple de repérer facilement des objets verts sur fond vert et ils peuvent être de bons entomologistes, des observateurs en forêt (animaux, végétation) ou devenir des spécialistes dans l'armée (repérage de l'ennemi, de cibles camouflées, de tireurs isolés…)

Pourquoi « l'œuf de Christophe Colomb » est-il resté célèbre ?

Lorsque Christophe Colomb découvrit un nouveau continent, il trouva fortune et gloire. Pour répondre à ses détracteurs, qui avançaient que cela n'avait pas dû être bien difficile, Christophe Colomb les mit au pari de faire tenir debout un œuf sur sa pointe. Tous s'y essayèrent, mais aucun n'y parvint. Colomb prit alors un œuf dur, l'aplatit à sa pointe et le

posa droit sur la table. Ses détracteurs lui dirent alors :
« Quoi de plus facile ! » Ce à quoi Colomb répondit :
« Certes, encore fallait-il y penser... »

Pourquoi parle-t-on de « quadrature du cercle » ?

« La quadrature du cercle », c'est le fait de se trouver
devant un problème insoluble, une entreprise vouée à
l'échec. Le savant Anaxagore, qui vivait au Ve siècle
avant J.-C., s'était attaqué au problème suivant : quelles
seraient les dimensions d'un carré d'une surface équiva-
lente à un cercle dont on connaît la circonférence ? Ni lui
ni les mathématiciens qui l'ont suivi n'ont jamais trouvé
la solution.

Les Pourquoi de la Religion

Pourquoi, lorsque quelqu'un éternue, lui dit-on « à vos souhaits » ?

Chez les Anciens, l'éternuement était un augure, favorable ou non, selon que l'on éternuait le jour, la nuit, à gauche, à droite. D'ailleurs on s'exclamait : « Que Jupiter te conserve ou t'assiste ! » Reprenant ce terme de conjuration, les chrétiens (qui pensaient que l'âme pouvait quitter le corps lors d'un éternuement !) adoptèrent : « Que dieu vous bénisse ! » Aujourd'hui, cette expression purement religieuse s'est vu damer le pion par la formule de politesse « à vos souhaits ».

Pourquoi utilise-t-on un index alphabétique ?

À la fin de ce livre, vous trouverez un index, afin de repérer aisément chaque thème. Savez-vous que l'éditeur doit ce précieux outil à une révolution du XIIIe siècle ?

Ce sont en effet des moines cisterciens qui, pour plus de clarté, conçurent le premier index alphabétique répertoriant le contenu d'un livre. L'index se perfectionna et devint courant dans les années 1270.

Pourquoi les matines correspondent-elles à des heures de la nuit ?

Les matines, c'est le matin ? Que nenni. Les matines sont la première heure sonnée du jour nouveau, à savoir minuit. (**Matines** : minuit ; **laudes** : 3 heures ; **prime** : 6 heures ; **tierce** : 9 heures ; **sixte** : midi ; **none** : 15 heures ; **vêpres** : 18 heures ; **complies** : 21 heures).

Pourquoi le parchemin porte-t-il ce nom ?

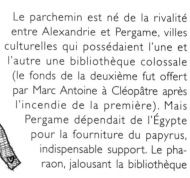

Le parchemin est né de la rivalité entre Alexandrie et Pergame, villes culturelles qui possédaient l'une et l'autre une bibliothèque colossale (le fonds de la deuxième fut offert par Marc Antoine à Cléopâtre après l'incendie de la première). Mais Pergame dépendait de l'Égypte pour la fourniture du papyrus, indispensable support. Le pharaon, jalousant la bibliothèque rivale, mit l'embargo sur l'exportation du papyrus. Les Pergamiens durent alors trouver une matière première de remplacement, des peaux d'animaux, notamment de chèvre. Ainsi naquit la *charta pergamena*, c'est-à-dire le « papier de Pergame ». Ce support continua d'être appelé *pergamena*, qui devint notre « parchemin » français.

Pourquoi les parchemins donnaient-ils lieu à des palimpsestes ?

Les parchemins étant très coûteux, il était hors de question de jeter les écrits ; le support était gratté afin d'être réutilisé pour un nouveau texte, devenant *palimpsêstos*, ce qui signifie « gratté de nouveau » ; d'où le mot « palimpseste ».

Pourquoi les notes se nomment-elles « do », « ré », « mi »... ?

C'est au moine Guido d'Arezzo (Xe-XIe siècle) que nous devons le nom des notes. Avant sa trouvaille, la musique se faisait par mémorisation à partir de l'écoute et de la répétition des mélodies. Pour faciliter l'apprentissage du chant à ses élèves, il commença par identifier les sons. Il restait à nommer les notes. Pour y parvenir, il se servit des sept premières syllabes d'un poème latin de Paul Diacre, hymne à saint Jean-Baptiste. En 1673, *ut* fut remplacé par *do*, sans doute pour une plus grande facilité de prononciation.

Pourquoi dit-on que « l'habit ne fait pas le moine » ?

Cet adage n'est qu'une transposition d'un autre, plus ancien, qui énonçait que « la robe de lin ne fait pas le prêtre d'Isis » pour évoquer le fait que le port de l'habit sacré ne suffisait pas à rendre capable celui qui l'arborait. Nous retrouvons cette expression dans un récit hindou du XIe siècle : un sorcier voleur d'âmes, caché sous l'habit d'un moine mendiant, cherche une victime en la personne d'un roi sage, qu'un bel esprit avertit ainsi : « L'habit ne fait pas le moine et sous l'habit sacré peut se cacher la perversité. » Dans une société où le paraître prend trop souvent le pas sur l'être, cet adage tend à rappeler qu'on ne doit pas juger un homme sur l'habit qu'il porte, que les marques extérieures ne suffisent pas à indiquer la profession ou la valeur intrinsèque d'un être humain ; que l'on ne doit pas laisser l'apparence influencer notre vision.

Pourquoi écrire sur un « calepin » ?

Nous devons ce mot à un moine italien, Ambrogio Calepino (1435-1511), qui fut l'auteur du premier grand dictionnaire de la langue latine (1502) ; le terme « cale-pin » a d'abord désigné « le dictionnaire de Calepino », gros dictionnaire pluri-lingue, puis un dictionnaire quelconque avant de devenir celui du carnet de notes à la fin du XVIIe siècle.

Pourquoi faire « ripaille » ?

Amédée VIII de Savoie, antipape après le grand schisme d'Occident sous le nom de Félix V, de 1439 à 1449, décida de renoncer à la tiare en se retirant dans le prieuré de Ripaille, au bord du lac Léman, après avoir fait ériger la Savoie en duché. Lui et ceux des seigneurs qui l'avaient suivi étaient venus là pour se faire ermites. Mais, loin de s'astreindre aux rigueurs du cloître, ils passèrent leurs journées à manger, boire et faire la fête, jusqu'à la mort d'Amédée, survenue en 1451. Ainsi, faire « ripaille », c'est faire bonne chère, mener joyeuse vie.

Pourquoi le pape porte-t-il une soutane blanche ?

Avant l'avènement de Pie V (1566-1572), les papes portaient la soutane rouge des cardinaux. Pie V garda la soutane blanche de l'Ordre dominicain auquel il appartenait et la fit adopter par ses successeurs.

Pourquoi utilise-t-on l'expression « le saint des saints » ?

Dans la religion juive, les prêtres du Temple de Jérusalem faisaient tisser un voile par des jeunes filles ; ce précieux voile (un rideau), était destiné à séparer l'endroit le plus secret et le plus précieux du sanctuaire, le « Saint des Saints », du reste du Temple. Tisser le « Saint » était un véritable honneur pour les jeunes filles choisies (cet honneur échut à Marie, la mère de Jésus).

Pourquoi ne nomme-t-on pas les condamnés crucifiés avec Jésus ?

Si les Évangiles citent Barabbas, libéré à la place de Jésus, elles restent muettes sur ses deux autres compagnons de croix.
Ces malfaiteurs se nommaient Dysmas et Gestas. Les Actes de Pilate nous apprennent que Gestas tuait à l'épée certains voyageurs, en dépouillait d'autres, pendait les

femmes à un arbre la tête en bas et leur coupait les seins. Il aimait boire le sang des enfants de ses ennemis. Quant à Dysmas, un Galiléen, il tenait une auberge et dépouillait ses clients riches pour partager le butin avec les pauvres du village. C'est Gestas qui insulta Jésus et Dysmas qui se repentit de sa vie passée. Sans doute l'Église (toujours à l'affût de symboles) n'a-t-elle pas voulu associer le nom de Jésus à celui de deux criminels, ne citant que Barabbas pour montrer l'aveuglement du peuple.

Pourquoi Pilate a-t-il prononcé son fameux « je m'en lave les mains » ?

Il était d'usage, chez les Anciens, de se laver les mains en présence du peuple : on entendait montrer ainsi qu'elles étaient pures et qu'on était innocent, qu'on avait « les mains propres ». En prononçant cette phrase, Pilate a voulu signifier : « Je suis innocent du sang de ce juste, c'est à vous d'en répondre. » En d'autres termes : « Je ne veux pas me mêler de vos histoires. »

Pourquoi ne parle-t-on plus de Pilate après la mort de Jésus ?

Furieux après avoir été informé des événements et des troubles suscités par cette « affaire », Tibère ordonna l'arrestation de Ponce Pilate. Terrorisé, Pilate se procura la tunique de Jésus, que les soldats avaient jouée aux dés, et la dissimula sur lui en espérant un miracle ; toutefois, Tibère en fut informé et donna l'ordre de l'en dépouiller avant l'audience. Pilate fut reconnu coupable et condamné à être empalé, châtiment infamant réservé aux seuls esclaves. Mais, par l'entremise d'un complice, il se procura un couteau et s'ouvrit les entrailles pour éviter le supplice.

Tibère ordonna de mettre son cadavre dans un sac, de le lester avec une énorme pierre et de le jeter dans le Tibre à l'endroit le plus profond. Mais la rumeur se répandit qu'à cet endroit précis naissaient soudain des tourbillons, des tempêtes, que le tonnerre grondait… Les riverains terrorisés obtinrent le repêchage du corps de Pilate, alors placé dans un nouveau sac et emporté dans une charrette. Une fois loin du fleuve, le cadavre de Pilate fut jeté dans un puits profond.

Pourquoi le poisson était-il le signe de reconnaissance des chrétiens à l'époque romaine ?

Parce que l'acrostiche *Iesus* (I), *CHristos* (CH), *THeou* (TH), *Utos* (U) ; *Soter* (S), (« Jésus-Christ, le Sauveur de Dieu », en grec) correspond au mot ιχθυς (*ichthus*), qui signifie « poisson ».

Pourquoi le mot « pâque » prend-il un « s » chez les chrétiens et non chez les juifs ?

La pâque juive, commémorant le départ d'Égypte, s'écrit au singulier. Jésus est mort durant la pâque juive. Les textes précisent pourtant que Jésus célébra trois pâques et fut crucifié pour la quatrième. D'où le s final de la tradition chrétienne.

Pourquoi les danses macabres ont-elles fait leur apparition ?

La Peste noire, qui au milieu du XIVe siècle décima un tiers de l'Europe, fut perçue comme une punition du Ciel et remit en cause bien des certitudes.

Pour conjurer leur horreur et leurs angoisses face à la mort, les hommes décidèrent de défier ce qu'ils ne maîtrisaient plus : on assista alors à une invasion du thème macabre dans les représentations artistiques (peinture, musique, chants, danses). Les danses macabres symbolisaient le caractère éphémère de la vie. La Mort, reconnaissable à sa faux et souvent accompagnée de cadavres en voie de décomposition, entraînait tout le monde dans sa farandole : rois, cardinaux, médecins, marchands, femmes, enfants, sans distinction de rang social, de sexe ou d'âge. On exprimait dans ces « danses de la Mort » le contraste entre la splendeur du vivant et l'inévitable putréfaction accompagnant la mort.

Pourquoi le trèfle est-il l'emblème de l'Irlande ?

Parce que saint Patrick, le patron de l'Irlande, lorsqu'il christianisa l'île, se servit d'un trèfle, trois feuilles liées à une tige unique, pour expliquer la sainte Trinité.

Pourquoi la « géhenne » est-elle un autre nom de l'enfer ?

Le mot « géhenne », synonyme d'« enfer », est dérivé de l'hébreu *ge-Hinnom*. Cette vallée, située près de Jérusalem, était un lieu maudit où des Juifs idolâtres sacrifiaient de jeunes enfants au dieu phénicien Moloch, associé à l'enfer… d'où la synonymie.

Pourquoi l'étoile à six branches est-elle le symbole de la religion juive ?

L'étoile juive est entrée dans la légende juive avec le combat victorieux de David contre le géant Goliath grâce au *Maguen David* (le bouclier de David).

Conformément à la prophétie, l'étoile messianique devait sortir de la maison de David, et c'est pourquoi on l'a appelée étoile de David. C'est aussi celle que les Rois mages suivirent et qui les conduisit à Jésus.

Représentée par deux triangles, l'un dirigé vers le haut, l'autre vers le bas, elle symbolise la liaison entre le monde visible et le monde invisible, la réconciliation entre la Trinité divine et la trinité humaine (esprit-âme-corps). Elle représente, entre autres symboles, les six jours de la semaine entourant le *shabbat* (jour de repos divin) au centre (Dieu est au milieu).

Pour toutes ces raisons, les premiers disciples juifs de Jésus choisirent l'étoile pour symbole messianique.

? **Les Pourquoi de la Justice**

Pourquoi dit-on de quelqu'un qu'il a une mine « patibulaire » ?

Le *patibulum*, dès l'époque romaine, désignait le lieu de supplice. La *patibula* désignait la fourche ou les piliers où l'on attachait les condamnés pour les battre avec des verges, les pendre ou les crucifier. Il va sans dire que, lorsqu'on y était exposé, on avait rarement une mine réjouie !

Pourquoi traite-t-on péjorativement quelqu'un de « sycophante » ?

À Athènes et dans d'autres cités, le figuier était l'objet d'un véritable culte et des lois punissaient de mort ceux qui touchaient aux figues des arbres consacrés aux divinités. Une récompense était promise à ceux qui dénonceraient les coupables, qu'on appela *sukophantès*, « celui qui dénonce le voleur de figues ». Des perfides, pour toucher la prime et se débarrasser de leurs ennemis, volaient les fruits puis accusaient de ce sacrilège les hommes qu'ils voulaient perdre.

Pourquoi « vouer aux gémonies » ceux que l'on déteste ?

« Gémonies » est issu de *gemoniae* (« escaliers ») et de *gemere* (« geindre »). Dans l'ancienne Rome, situé sur le flanc nord-ouest du Capitole, se trouvait un escalier visible de tout le Forum. On y exposait les corps des suppliciés aux crachats et aux insultes publiques jusqu'à ce que le consul estimât qu'ils pussent être jetés dans le Tibre. « Vouer quelqu'un aux gémonies », c'est le livrer au mépris public.

Pourquoi n'était-il pas bon d'être « questionné » au Moyen Âge ?

L'interrogatoire, nommé « question », consistait à interroger le prévenu entre deux audiences. Malgré cette appellation neutre, les moyens étaient plutôt cruels. Pour exemple citons la pelote, qui consistait à garrotter le présumé coupable avec des liens que l'on serrait graduellement jusqu'à l'aveu ; on procédait également à l'extension, élongation des membres à l'aide de cordes et de poulies; les brodequins n'étaient autres que des planches cloutées dans lesquelles on enserrait les jambes du prévenu.

Pourquoi n'est-il pas bon d'être mis « sur la sellette » ?

Étant donné la croyance où on était que Dieu ne pouvait laisser mourir injustement un innocent, on Lui donnait toujours le dernier mot, durant le Moyen Âge. Toute personne soupçonnée de sorcellerie était ligotée sur une sellette que l'on plaçait au-dessus d'un lac ou d'un étang. On interrogeait l'accusé avant de l'immerger. Si Dieu le laissait se noyer, il était reconnu coupable. S'Il le laissait vivre, l'accusé était innocenté. Notons que ce supplice de la baignoire avant l'heure laissait rarement une chance de survie…

…ou de « sentir le fagot » ?

Les hérétiques, au Moyen Âge, étaient mis sur la sellette ou brûlés vifs. « Sentir le fagot » signifiait donc être promis au bûcher pour opinions contraires à la doctrine de l'Église. Cette expression vise aujourd'hui les actions ou les personnes qui inspirent une certaine méfiance, elle évoque le danger et tout acte condamnable voué à la vindicte collective.

Pourquoi veut-on régulièrement « en mettre sa main au feu » ?

Moins redoutable, l'épreuve du feu est, elle aussi, inscrite dans la justice divine. L'accusé interrogé devait plonger sa main dans le feu (ou saisir une barre de fer rougie). Selon la croyance, la main innocente était épargnée ou devait guérir instantanément. Sinon…

Pourquoi se faire « l'avocat du diable » ?

Cette expression nous vient en droite ligne du Vatican. Lors des procès en canonisation, un prélat est chargé d'instruire le dossier à charge. Le rôle de ce « promoteur de la foi » est de mettre en doute tous les mérites, tous les miracles invoqués. Il est appelé « l'avocat du diable ».

Pourquoi, jadis, trouvait-on également des vivants à la morgue ?

Nous pourrions dire que la morgue était le service d'identité judiciaire d'antan. À leur arrivée en prison, les personnes passaient par une salle où elles étaient *morguées* (le verbe *morguer* signifie « regarder quelqu'un avec insistance ») afin de permettre aux gardiens de se familiariser avec les visages des nouveaux venus et de les préparer à déjouer au besoin toute tentative d'évasion ; on appelait cette salle la *morgue*.

Dans une pièce attenante on déposait les cadavres ramassés sur la voie publique ou repêchés dans la Seine. Ce caveau ou *basse-geôle* était gardé par un guichetier. Le public pouvait venir *morguer* les épaves humaines à travers un judas, pour les identifier le cas échéant. Cet endroit prit naturellement le nom de « morgue ».

Pourquoi et comment était-on « frappé d'ostracisme » ?

Athènes est le berceau de la démocratie.
Une fois l'an était élu « l'homme indigne de l'année ». Chaque votant inscrivait sur un tesson de poterie, ou *ostraca*, le nom de l'homme politique qu'il souhaitait proscrire. Celui qui avait obtenu le plus de tessons à son nom était banni d'Athènes pour dix ans, laissant ainsi la place libre (et sa chance) à un autre. Ce système a été abandonné après 417, car il était souvent faussé.

Pourquoi dit-on de quelque chose ou de quelqu'un qu'il a été « jeté aux oubliettes » ?

Le Moyen Âge n'était pas en reste pour ce qui est des châtiments. Les oubliettes, qui rendirent tristement célèbre le roi Louis XI, étaient des cachots, des caves ou des fosses à trappe, dans lesquels on jetait les prisonniers condamnés à perpétuité et où on les oubliait… souvent pour toujours.

Jean Balue, ministre de Louis XI, les modifia pour en faire des cages très étroites, où le prisonnier ne pouvait ni se tenir debout ni se retourner. Ces cages étaient suspendues dans des lieux publics et se balançaient au moindre mouvement, si bien que le prisonnier finissait par sombrer dans la folie. La légende dit que Jean Balue fut lui-même livré à ce sort à la suite de sa trahison en faveur de Charles le Téméraire.

Pourquoi dit-on qu'« il n'y a pas loin du Capitole à la roche Tarpéienne » ?

Rome comptait sept collines, parmi lesquelles le Capitole ou colline aux Honneurs, lieu le plus élevé. Les généraux vainqueurs y venaient, sous les acclamations du peuple, offrir un sacrifice à Jupiter, le dieu de la guerre.

Proche du Capitole, la roche Tarpéienne était réservée aux traîtres : sous Romulus, en 746 avant J.-C., alors que Rome était en guerre contre les Sabins, Tarpeius était gouverneur du Capitole. Tarpeia, sa fille, promit à Tatius, général des Sabins, de lui livrer la citadelle à condition que ses soldats lui donnent ce qu'ils portaient à leur bras gauche (elle entendait par là leurs bracelets d'or). Lorsque Tatius fut maître du Capitole, il jeta sur Tarpeia ses bracelets, mais également son bouclier, qu'il portait aussi au bras gauche. Ses soldats l'imitèrent et Tarpeia fut écrasée sous le poids de sa trahison.

Les Romains donnèrent à la colline de la trahison le nom de Tarpeia (ou « roche Tarpéienne ») et il fut décidé que désormais on précipiterait du haut de celle-ci tous ceux qui se seraient rendus coupables de trahison.

L'une symbole de la gloire, l'autre de la chute, on aimait à dire, dans l'Antiquité, que de la gloire à la chute, il n'y a que peu de distance.

Quant à l'expression qui nous est restée («Il n'y a pas loin...»), on la doit à Mirabeau.

Pour mémoire, les sept collines de Rome sont : le mont Palatin, l'Aventin, le Capitole, l'Esquilin, le Quirinal, le Viminal, le Caelius.

Pourquoi vaut-il mieux ne pas « passer sous les fourches Caudines »?

Caudine, dérivé du latin *coda* («queue»), renvoie à la queue fourchue du diable. Mais il faut se référer à une page d'histoire pour en comprendre le sens profond : en l'an 321 avant J.-C., les Samnites demandèrent la paix aux Romains, qui la leur refusèrent. Décidés à se venger, ils eurent recours au stratagème suivant : ils attirèrent les Romains dans un défilé des Apennins, près de Caudium, la *Valle caudina*. Dès que les Romains furent engagés dans ce passage étroit, les Samnites fermèrent les issues et les firent prisonniers. Pour les humilier, les Samnites obligèrent les Romains à défiler, les mains liées dans le dos, sous une pique ou une fourche tenue à l'horizontale. Cet épisode rendit célèbres les Samnites, que l'on glorifia pour avoir fait passer les Romains sous les fourches Caudines.

Pourquoi dit-on d'un homme emprisonné qu'il est « au violon » ?

Une personne emprisonnée, dans le langage familier, se retrouve « au trou » ou «au violon». Si la première tournure se comprend aisément, la seconde peut susciter quelque perplexité : en effet, quel lien y a-t-il entre une geôle et l'instrument de musique ?

Autrefois, on disait également « mettre au psautier », mettre en pénitence, en un lieu où l'on a le temps de méditer, de réciter ses psaumes sans crainte d'être interrompu. À Paris, la prison du bailliage, située dans les galeries du Palais de justice, servait spécialement à enfermer pages et valets, qui troublaient trop souvent par leurs cris et leurs jeux les audiences du parlement. Par stipulation de bail qui remonte au temps de Louis XI, un violon devait être fourni par le luthier des galeries du Palais afin de rendre moins pénible la captivité de ces artistes. On disait ainsi, d'un valet emprisonné, qu'il avait été « mis au violon ».

Pourquoi l'épée de Damoclès est-elle suspendue ?

Damoclès, un familier du tyran de Syracuse Denys l'Ancien (430-367 avant J.-C.), lui confia un jour qu'il l'enviait. Denys invita Damoclès à prendre sa propre place au cours d'un banquet et fit suspendre au-dessus de la tête de son invité une lourde épée, attachée au plafond avec un crin de cheval, pour lui faire comprendre combien le bonheur des rois est précaire.

TABLE DES SUJETS

INDEX

Cet index permettra au lecteur de prendre rapidement connaissance des différents aspects abordés sous le thème général correspondant à chaque chapitre. En gras : les noms et termes sur lesquels portent les questions, mais aussi d'autres qui, en rapport avec la question, sont traités seulement dans les réponses (mentionnés en gras dans le texte) ; en italique : les expressions figées ; en caractères plus petits, après le nom ou le terme indexé : des précisions concernant son sens ou son emploi particulier dans le texte.

La Mer

Les Traditions

Le Mariage

La Rue

L'Argent

La Chasse et la Pêche

La Table

La Mythologie

La Science

La Religion

La Justice

Dans la même collection

Pierre Dhombres-Kassab

120 énigmes pour jouer en famille

Illustrations et mise en page : César Drouin / Conception graphique : Corinne Liger-Marie
Imprimé en France par Normandie Roto Impression s.a.s., 61250 Lonrai
Dépôt légal : septembre 2006
N° d'édition : 765 – N° d'impression : 062284
ISBN 2-74910-765-2